シリーズ
ニッポン再発見
9

日本の洋食

洋食から紐解く日本の歴史と文化

青木ゆり子［著］

Series
NIPPON Re-discovery
Japanized Western Cuisine

ミネルヴァ書房

巻頭カラー特集

写真で見る日本の洋食の歴史

そもそも「洋食」とは？
日本のカレーライスは
インドにはありません。
スパゲッティナポリタンも
イタリアにはありません。
とんかつは？

明治28年創業の洋食レストラン「銀座・煉瓦亭」

南蛮貿易によって伝わった洋食

スペインのエスカベッシュ

南蛮漬け（→P35）

長崎天ぷら（→P39）

ポルトガルのフリット

スペインのアンダルシア発祥のパスティラ

長崎の卓袱《しっぽく》料理のひとつとなった「ぱすてぃ」(→P43)。

平戸の高台に立つザビエル像。

平戸に渡来した宣教師たちが伝えた南蛮菓子、カスドース(→P47)。

卵を使った南蛮菓子、鶏卵素麺《けいらんそうめん》(→P50)。

イギリス海軍から伝わったカレーと肉じゃが

横須賀海軍カレー(→P88)

舞鶴の肉じゃが丼(→P93)

イギリス式の海軍カレーの発祥地のひとつ、横須賀。港にある「記念艦三笠」と東郷平八郎の像。

日本に根づいたロシア料理

新宿中村屋のボルシチ（→P111）

ロシアのボルシチ

日本のピロシキ（→P113）

ロシアのピロシキ

新潟は、スパゲッティ・ミートソースの発祥地

幕末の開港の頃の面影を残す、新潟みなとぴあ。

イタリア軒のスパゲッティ・
ミートソース(→P121)

日本オリジナルのナポリタン

ナポリタンは、ゆでた麺をトマトケチャップ、野菜、ロースハムを加えて油で炒めたスパゲッティ(→P129)。

ドイツ人捕虜が伝えたドイツの食

習志野捕虜収容所ではドイツ人捕虜たちによってオーケストラが組織されるなど、文化活動が許されていた。

ドイツ人捕虜は習志野収容所内に屠畜小屋をつくり、ソーセージ作りもおこなっていた。そして、その技術を日本人に伝授。

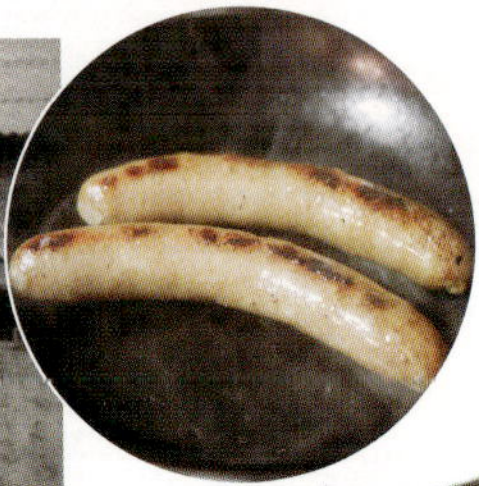

習志野ソーセージ
(→140)

フロインドリーブの
ドイツコッペ(→P165)

名古屋の捕虜収容所にいたドイツ人捕虜フロインドリーブは、解放後も日本に残り、ドイツパンの店フロインドリーブを創業。

洋食の定番料理

日本のカツレツに似たオーストリアのウィンナー・シュニッツェルは、牛肉を薄くたたいて衣をつけ、フライパンで揚げ焼きする。

とんかつ。東京圏でカツレツといえば、豚肉のカツレツ(→P61)。

オムライス(→P70)。フランス料理のオムレツに、ご飯や野菜、きのこなどの具を折りたたんだ、日本独特の卵料理。

フランスのモン・サン＝ミッシェルのオムレット

はじめに

現在海外では「日本料理」と呼ばれるものに、寿司《すし》や天ぷらだけでなく、カレーライスや、オムライス、ハンバーグなどが含まれています。これらは本来の「日本料理」とは違うのですが、外国の人からすると、日本料理と見えるのでしょう。その理由として考えられることに、それらはもともとは海外が発祥の食べ物でありながら、もとの料理とはかけはなれた形で日本で発展し、今では日本中でよく食べられるものとなっていることがあげられます。

日本は、明治時代に入り、ヨーロッパの国々やアメリカからさまざまな文化を学びました。食文化もその一つでした。

その過程で、ヨーロッパやアメリカのいろいろな料理がしだいに日本料理と融合し、和洋折衷料理が工夫されました。なかには、日本人の好みに合わずに消えていったものも多くありましたが、すき焼きやオムライス、とんかつなどは、新しい料理として日本にしっかり定着していったのです。しかも、それらの料理は、食材、調理法、道具などを含め、日本独自のものとして発展していきました。

そもそも「洋食」とは、日本で独自に発展した西洋風の料理のことを指す言葉であり、純粋な日本料理ではありません。それでも、今では日本中で食べられ、伝統的な日本料理とともに日本の食文化を形づくっているものといえます。

この意味では、外国の人が、それらを「日本料理」と見てもしかたないことになります。日本のカレーライスは、インドにはありません。日本の料理となっています。同じように、日本のラーメンも、中国にはありません。スパゲッティのナポリタンも、イタリアにはありません。

とんかつをはじめてつくったのは、19世紀の終わりごろ、東京銀座にある「煉瓦亭」という洋食店の料理長をしていた木田元次郎だといわれています。

木田は、パン粉をまぶしたうす切りの牛肉をバターでソテーするフランス料理のコートレットからヒントを得て、小麦粉・とき卵・パン粉の順につけたうす切りの豚肉を天ぷらのようにたっぷりの油で揚げることを考案し、「ポークカツレツ」と命名したといわれています。

その後、いろいろな人がさまざまに工夫をした結果、厚みのある豚肉を揚げて、おはしで食べやすいようにあらかじめ包丁で切りわけ、キャベツの千切りをそえて盛りつける、現在のようなとんかつのスタイルが生まれました。

さて、このシリーズ「ニッポン再発見」は、その名のとおり、さまざまなものをとおして、ニッポンを再発見していこうというもの。今回のテーマは、「日本の洋食」です。

このシリーズには、すでに『銭湯』や『トイレ』があり、人気を博しています。

銭湯については、平安時代の末、京都に銭湯のはしりともいえる「湯屋」が登場したことから考えて、日本のものと思えてきます。一方「トイレ」はというと、「厠《かわや》」「便所」などといわないところは、なんとなく西洋のものという感じがする人も多いでしょう。それらについては、もちろんそれぞれの本にまかせるわけですが、「日本の洋食」がどうしてニッポン再発見になるのでしょうか。

それは、先の「それらの料理は、食材、調理法、道具などを含め、日本独自のものとして発展していきました」に象徴されているのです。

「日本の洋食」のうち、この料理は、どこどこにルーツがあり、あの料理は、どこで生まれて……などを知ることはもちろん、日本全国で、その土地の風土や食材とともに発展してきたようすなどを知ることは、まさしくニッポン再発見！

なお、ラーメンは洋食ではありませんが、海外から入ってきて、日本で発展。しかも日本全国の風土や食材に影響されて発展した典型的な料理です。そのため、この本では一つの章としてまとめて扱うことにしました。

今回のテーマ「日本の洋食」が、読者のみなさまにとって、ニッポン再発見につながればたいへんうれしく存じます。

目次

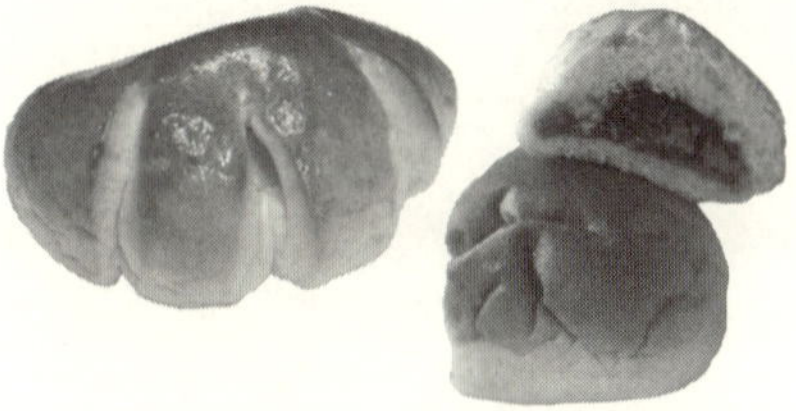

4
パンもラーメンも日本の食文化……163

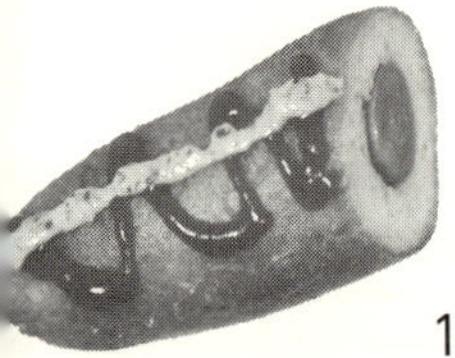

1 日本料理と和食

そもそも日本料理とは?

「日本の洋食」の話を始めるにあたり、「日本料理」とは、そもそもどういう料理なのかを考えてみたいと思います。

歴史を遡ると、日本列島には、古くから中国や朝鮮半島の料理が伝わってきていました。江戸時代には、鎖国状態にありながらも、長崎の出島から、わずかながらヨーロッパなどの料理も伝わってきていました。そして、そうした料理は、知らず知らずのうちに、日本人のなかに浸透し、しずかに日本料理に融合していったのです。ところが、明治時代になると、料理も含めた外国の文化が日本に急激に入ってきました。そうしたなかで、宮内省（のちの宮内庁）大膳職庖丁師範を務めていた石井治兵衛が初めて使ったのが、「日本料理」という言葉でした。それは、1898（明治31）年に発行された『日本料理法大全』の中に記されました。もとより、日本に海外からやってきた料理があまり意識されていない時代には、日本人にとって「日本料理」という言葉は必要なかったわけです。

なお、この本は、日本の古典的な料理書のなかでも、江戸初期の『料理物語』と双璧をなす不朽の名作といわれるもので、1500ページ余にもなるものです。さまざまな日本料理について、その始まりや発展のようすなどが記されています。また、料理法や切り方など、包丁やそのほかの調理道具、さらには料理の献立までもが、料理名の「いろは」順に解説されています。また、1923（大正12）年には、石井治兵衛が校閲をし、息子の泰次郎が執筆をした『日本料理法大成』が出版されました。

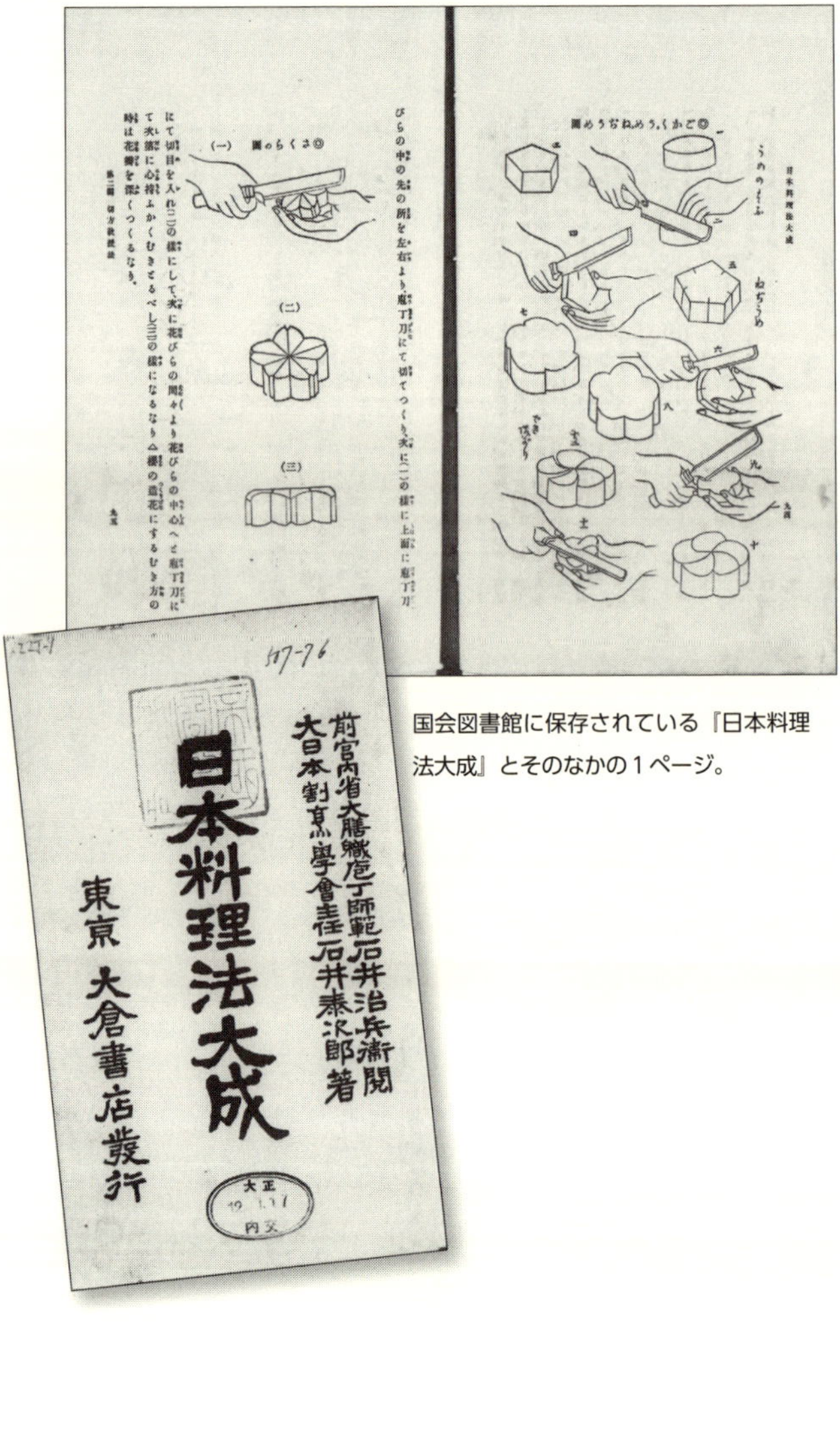

国会図書館に保存されている『日本料理法大成』とそのなかの１ページ。

それでは、「和食」とは？

「日本料理」と似て非なる言葉に「和食」があります。これは、「日本料理」が「西洋料理」に対する言葉であるのと同様に、「洋食」に対する言葉として使われていますが、この言葉ができたのも、明治時代に西洋からさまざまな料理が日本へもたらされるようになってからでした。

このため和食は、江戸時代までの伝統的な「一汁三菜」の形式を典型とする日本料理をさすほか、明治時代になって日本に入ってきて、その後、日本で独特に発展してきた、とんかつやコロッケ、すき焼きなども含むと考えるのが普通です。

一般に、和食には、3つの特徴があるといわれています。すなわち、「栄養バランスのすぐれた一汁三菜」「年中行事と結びついた郷土料理」「美しさと季節感」です。それらがまとまって、日本の伝統的な食文化をつくりあげてきました。それは、平安時代末ごろから、千年近く受けつがれてきたものです。

●栄養バランスのすぐれた一汁三菜

ご飯に汁物、主菜一品に副菜が二品という食事のスタイルのことを「一汁三菜」と呼ぶ。主菜として、良質なたんぱく質を含む魚などを中心に食べ、副菜として、いも類や野菜なども食べることで、栄養のバランスを整えることができる。動物性の油をあまり使わないことから、長寿につながるとして、海外でも高い評価を得ている。

●年中行事と結びついた郷土料理

日本の伝統的な食文化は、年中行事や郷土料理と密接なかかわりがある。正月、ひな祭り（桃の節句）、端午の節句、七夕、お月見、また、夏祭りや秋祭りなどの神事の際、決まった郷土料理を食べる習慣のある地域は、全国に多く見られる。

ひな祭りには、「ちらし寿司」。

●美しさと季節感

和食では、料理の見た目の美しさや季節にあわせて器をかえることなどが、とくに大切にされている。お客をもてなすために食事の部屋をしつらえることも特徴のひとつ。「もてなし」の心が、日本人の伝統的な食文化のなかに生きている。

夏にはガラスの器を用いることで、涼しげな印象を演出する。

ユネスコ無形文化遺産になった和食

写真提供：文化庁

2013年12月、和食がユネスコの無形文化遺産に登録されました。登録名は「和食：日本人の伝統的な食文化」（英語では「Washoku, traditional dietary cultures of the Japanese」）です。

ところが、登録の背景には、深刻な和食ばなれがありました。世界では、寿司や日本酒などが一大ブームとなっているにもかかわらず、肝心の日本国内では、和食の影がどんどん薄くなっているのです。

1997年から2012年までの15年間で、米の消費量は年間944万トンから779万トンに減少。ひとり当たりでは、66・7キログラムから56・3キログラム（約16パーセント減）となりました。また、醤油の消費量も8・7リットルから6・3リットルと減少しています。さらに、日本人の和食ばなれとともに、日本人特有の季節の感覚や作法、さらには家族のきずなが失われるのではないかと危ぶまれています。また、正月やひな祭りなどの年中行事や家庭の祝い事などの際に、和食をつくることがなくなりつつあるともいわれています。さらに、家庭料理からは、かつての日本の一汁三菜の形式はどんどん薄れてしまっています。それにともなって、和食の作法や「いただきます」「ごちそうさま」といって、家族みんなで食卓を囲んで同じ料理を食べるといった習慣もなくなりつつあります。

その反対に、個食（家族がそれぞれ好きなものを食べる）・孤食（家族が不在の食卓でひとりで食べる）・粉食（パンやピザ、パスタなどの小麦粉を使った料理を好んで食べる）などが増え、日本人の家族団らんの文化は消えていきつつあります。こうした「こ食」が増えるなかだからこそ、無形文化遺産への登録は、日本にとって大きな意味をもつことになりました。

実は、日本は当初、無形文化遺産への登録にあたり、日本料理の代表として会席料理をアピール

米の消費量の推移（ひとり1年当たり）

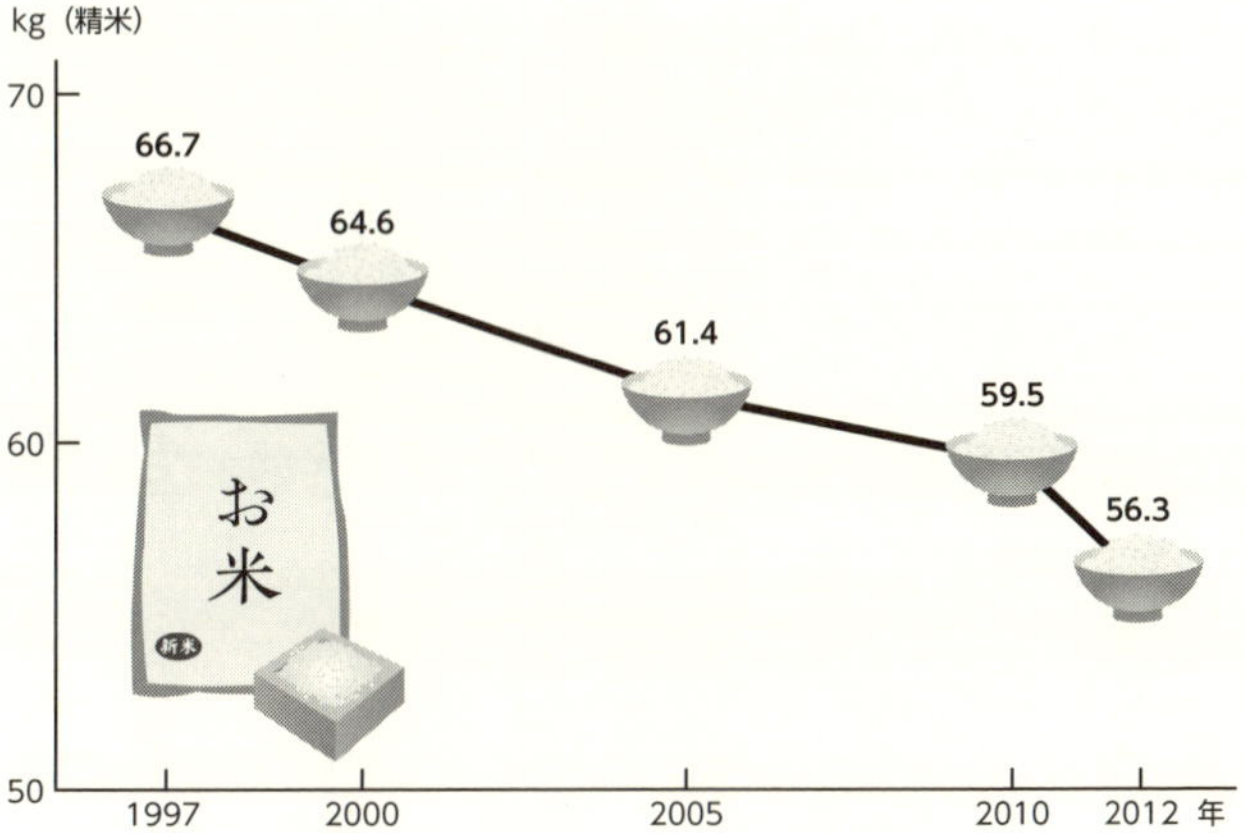

資料：農林水産省「食料需給表」

しようとしました。しかし、会席料理は、「一部の人だけのもの」という意見が多く出され、さまざまな検討がおこなわれた結果、「和食（WASHOKU）」で登録をめざすことになりました。その過程では、韓国が2008年、「宮廷料理は李氏朝鮮時代の宮廷に由来し、現在の韓国料理に多大な影響をあたえている食文化である」として、無形文化遺産登録を申請したところ、ユネスコは、「韓国の宮廷料理は最近になって観光用につくられたもので、人類の遺産とはいえない」として、申請を却下。このことが、日本の申請内容の変更に大きく影響したといわれています。

日本の会席料理は、その歴史が証明されているもので、韓国の宮廷料理のようにいわれることは決してありませんが、「一部の人だ

けのもの」であることは事実。そこで、「和食（WASHOKU）：日本人の伝統的な食文化」を申請することになったのです。

無形文化遺産への登録をめざすなか、各方面で、「なにをもって日本の食とするのか」「どのようにすれば審査に通るのか」という2つの大きな問題が議論されました。そうしたなか、見逃せない主張が出されました。それは、日本文化や食文化研究で知られる熊倉功夫《くまくらいさお》氏（国立民族学博物館名誉教授、静岡文化芸術大学学長などを歴任）によるもので、氏は、「和食（WASHOKU）」は「洋食に対する概念」であり、「一汁三菜」が基本的な献立であるとして、とんかつ、コロッケ、すき焼きといった近代の家庭料理も和食に含まれるというのです。こうした氏の考え方により、登録内容を、料亭などで提供されている本格的な日本料理だけではなく、一般家庭で食べられている日本の家庭料理を含むものとすることに、不思議感・違和感がなくなったというわけです。

では、ごく一般的な日本の家庭料理であるにもかかわらず、どうして無形文化遺産として保護しなければならないのでしょうか。その背景には、ごく一般的な家庭料理であっても、しっかり守っていかないと、すたれてしまうという大きな危機感があったわけです。

2013年11月6日にNHKの「クローズアップ現代」で、「日本の〝心〟を守りたい ～和食無形文化遺産へ～」と題し、15年前と比較すると、「日本人に和食ばなれが起きている」「日本の食文化を失いつつある」「無形文化遺産への登録が、それを見直すきっかけになればよい」などといった内容が紹介されると、その番組はおおいに話題になりました。

和食の無形文化遺産登録決定を報じる新聞記事。

プラスワン情報

無形文化遺産とは？

「無形文化遺産」は、2006年にユネスコが創設した比較的新しい事業。「世界遺産」が、歴史的な建築物や自然など形のあるものを保護・継承することを目的としているのに対し、無形文化遺産は芸能や伝統工芸技術など形のないものを対象としています。食については、2012年までに「フランスの美食術」「地中海料理」「メキシコの伝統料理」「トルコのケシケキの伝統」の4件が、2013年12月には、日本の「和食」のほか、韓国の「キムジャン」、グルジア（ジョージア）の「ワインづくり」、トルコの「コーヒー」が登録されました。

2012年までに登録された食に関する４つの無形文化遺産

メキシコの伝統料理

フランスの美食術

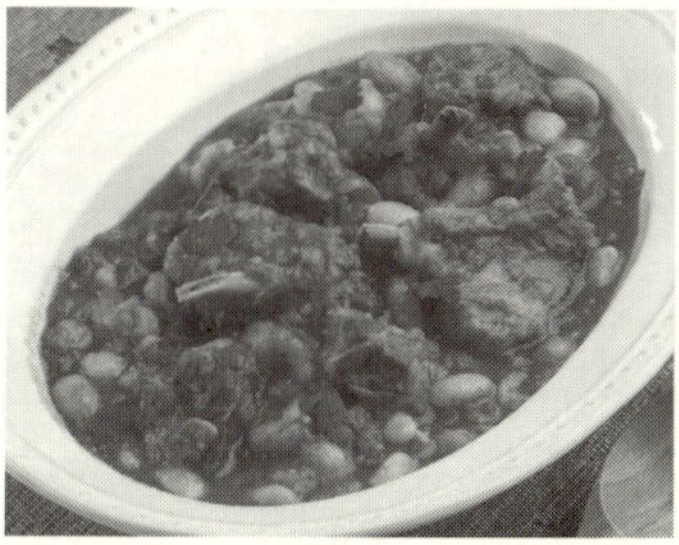

トルコのケシケキの伝統

地中海料理*

＊2010年に登録されたギリシャ・イタリア・スペイン・モロッコの４カ国に加え、2013年にキプロス・クロアチア・ポルトガルの３カ国が追加登録された。

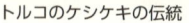

2 牛肉を食べる

文明開化の味がする牛鍋

明治時代に入って、横浜は、開港によりさまざまな文化の入口になりました。新しい食文化も横浜から生まれました。その一つが牛鍋で、明治時代初期に横浜や東京などで文明開化の象徴といわれました。そして、牛鍋がすき焼きに発展していきます。そして、日本料理を代表する料理となりました。

次は、明治時代の文豪・森鷗外の書いた『牛鍋』です。面白いのでここに紹介します。

鍋《なべ》はぐつぐつ煮える。

牛肉の紅《くれない》は男のすばしこい箸《はし》で反《かえ》される。白くなった方が上になる。

斜に薄く切られた、ざくと云う名の葱《ねぎ》は、白い処が段々に黄いろくなって、褐色の汁の中へ沈む。

箸のすばしこい男は、三十前後であろう。晴着らしい印半纏《しるしばんてん》を着ている。傍《そば》に折鞄《おりかばん》が置いてある。酒を飲んでは肉を反す。肉を反しては酒を飲む。

酒を注いで遣《や》る女がある。男と同年位であろう。黒繻子《くろじゅす》の半衿《はんえり》の掛かった、縞《しま》の綿入に、余所《よそ》行《ゆき》の前掛をしている。女の目は断えず男の顔に注がれている。永遠に渇しているような目である。目の渇《かわき》は口の渇を忘れさせる。女は酒を飲まないのである。箸のすばしこい男は、二三度反した肉の一切れを口に入れた。丈夫な白い歯で旨《うま》そうに噬《か》んだ。

永遠に渇している目は動くあごに注がれている。しかしこのあごに注がれているのは、この二つの目ばかりではない。目が今二つある。今二つの目の主《ぬし》は七つか八つ位の娘である。無理に上げたようなお煙草盆《たばこぼん》に、小さい花簪《はなかんざし》を挿している。白い手拭《てぬぐい》を畳んで膝《ひざ》の上に置いて、割箸を割って、手に持って待っているのである。男が肉を三切《きれ》四切食った頃に、娘が箸を持った手を伸べて、一切れの肉を挟もうとした。男に遠慮がないのではない。そんならと云って男を憚《はばか》るとも見えない。「待ちねえ。そりゃあまだ煮えていねえ。」娘はおとなしく箸を持った手を引っ込めて、待っている。永遠に渇している目には、娘の箸の空《むな》しく進んで空しく退いたのを見る程の余裕がない。暫《しばら》くすると、男の箸は一切れの肉を自分の口に運んだ。それはさっき娘の箸の挟もうとした肉であった。

娘の目はまた男の顔に注がれた。その目の中には怨も怒もない。ただ驚がある。永遠に渇している日には、四本の箸の悲しい競争を見る程の余裕がなかった。

女は最初自分の箸を割って、盃洗《はいせん》の中の猪口《ちょく》を挟んで男に遣った。箸はそのまま膳の縁に寄せ掛けてある。永遠に渇している目には、またこの箸を顧みる程の余裕がない。

娘は驚きの目をいつまで男の顔に注いでいても、食べろとは云って貰《もら》われない。もう好い頃だと思って箸を出すと、その度毎に「そりゃあ煮えていねえ」を繰り返される。

鷺の目には怨も怒もない。しかし卵から出たばかりの雛《ひな》に穀物を啄《ついば》ませ、胎を離れたばかりの赤ん坊を何にでも吸い附かせる生活の本能は、鷺の目の主《ぬし》にも動く。娘は箸を鍋から引かなくなった。

男のすばしこい箸が肉の一切れを口に運ぶ隙《すき》に、娘の箸は突然手近い肉の一切れを挟んで口に入れた。もうどの肉も好く煮えているのである。少し煮え過ぎている位である。男は鋭く切れた二皮目で、死んだ友達の一人娘の顔をちょいと見た。叱《しか》りはしないのである。ただこれからは男のすばしこい箸が一層すばしこくなる。代りの生《なま》を鍋に運ぶ。運んでは反す。反しては食う。しかし娘も黙って箸を動かす。鷺の目は、ある目的に向って動く活動の目になって、それが暫らくも鍋を離れない。大きな肉の切れは得られないでも、小さい切れは得られる。好く煮えたのは得られないでも、生煮えなのは得られる。肉は得られないでも、葱は得られる。浅草公園に何とかいう、動物をいろいろ見せる処がある。名高い狒々《ひひ》のいた近辺に、母と子との猿を一しょに入れてある檻《おり》があって、その前には例の輪切《わぎり》にした薩摩芋《さつまいも》が置いてある。見物がその芋を竿《さお》の尖《さき》に突き刺して檻の格子の前に出すと、猿の母と子との間に悲しい争奪が始まる。芋が来れば、母の乳房を銜《ふく》んでいた子猿が、乳房を放して、珍らしい芋の方を取ろうとする。母猿もその芋を取ろうとする。子猿が母の腋《わき》を潜《くぐ》り、股《また》を潜り、背に乗り、頭に乗って取ろうとしても、芋は大抵母猿の手に落ちる。それでも四つに一つ、五つに一つは子猿の口にも入る。母猿は争いはする。しかし芋がたまさか子猿の口に這入《はい》っても子猿を窘《いじ》めはしない。本能は存外醜悪でない。箸のすばしこい本能の人は娘の親ではない。親でないのに、たまさか箸の運動に娘が成功しても叱りはしない。人は猿よりも進化している。四本の箸は、すばしこくなっている男の手と、すばしこくなろうとしている娘の手とに使役せられているのに、今二本の箸はとうとう動かずにしまった。永遠に渇していている目は、依然として男の顔に注がれている。世に苦味走ったという質《たち》の男の顔に注がれている。一の本能は他の本能を犠牲にする。こんな事は獣にもあろう。しかし獣よりは人に多いようである。人は猿より進化している。

（明治四十三年一月）

一般に、日本で最初に登場した牛鍋屋は、1862（文久2）年に横浜入船町で居酒屋を営んでいた「伊勢熊《いせくま》」が店を二つに仕切り、片側を牛鍋屋にしたものといわれています。また、1867（慶応3）年に江戸の芝で開いた「中川」や、1868（明治元）年に登場した「太田なわのれん」も牛鍋屋の草分けのひとつとされています。そうして、明治も10年をすぎるころには、東京における牛鍋屋は500軒を超えていたと思われます。

牛鍋とすき焼きの違いとは?

日本人のなかには、「すき焼き」の明治時代の呼び名が「牛鍋」で、実際は、同じだと思っている人も多くいます。三省堂の『大辞林』にも、「牛肉をネギ・豆腐などと一緒に平鍋で煮ながら食べる料理。すきやき。〔主に関東で用いた語〕」と記されているぐらいですから、そう考えられてもしかたありません。一方、岩波書店の『広辞苑』には、次のように区別されて載っています。

・「牛鍋」……牛肉を野菜などと鍋で煮ながら食う料理。明治時代行われた、現在のすきやき風のもの。うしなべ。

・「すき焼き」……牛・鳥肉などに葱・焼き豆腐などを添えて鉄鍋で煮焼きしたもの。

しかしこれでは、区別はされているものの、牛鍋とすき焼きの違いはよくわかりません。

そこで、牛鍋の老舗がどんなものか調べてみることにしました。横浜にある「じゃのめや」は、創業が1893(明治26)年の老舗のひとつです。この店の牛鍋は、「鉄鍋に割下(醤油と砂糖などを調合したタレが主流になっていった)を入れて、そこへ肉や野菜を入れて煮る」というものです。

また、もう一軒の牛鍋の老舗、「荒井屋」の牛鍋はどうでしょうか。この店も横浜で創業が1895(明治28)年、「じゃのめや」にほど近いところにあります。この店では、一人分の肉や野菜を鉄鍋に入れてから、そこへ割下を注ぎ、火をつけて煮るもので、「じゃのめや」と同じ調理の仕方です。これら横浜の2つの老舗が証明しているように、横浜港が開港され、外国人居留地ができ、そこに住む外国人が食べていた牛肉料理に日本人が興味をもったことから生まれたのが、牛鍋なのです。それは、幕末から明治初頭だったと考えられます。

その頃の日本には牛肉を食べる習慣がまったくなかったため、いくら外国のものを取り入れたくても、外国人のような食べ方ができませんでした。そこで、牛肉のくさ味を消すために醤油や味噌を使い、鍋で煮込むということをやってみたところ、日本人の好みにあって、またたくまに大流行したといわれています。

一方、すき焼きはというと、現在よくいわれるのが、はじめに肉をジュージュー焼き、その後にネギや野菜などを加えていくというもの。じつは、荒井屋には「牛鍋」と「すき焼き」の両方のメニューがあるので、その違いがはっきりわかります。この店のすき焼きは、肉に火が通ってきてから割り下を注ぎますが、この時点で、肉をいただくのが普通。最初に牛肉を焼くので、牛鍋に比べて肉が香ばしい！　こうして何枚か肉を食べてから野菜や豆腐などを加えて煮るというのが、すき焼きの「正統な」食べ方とされています。

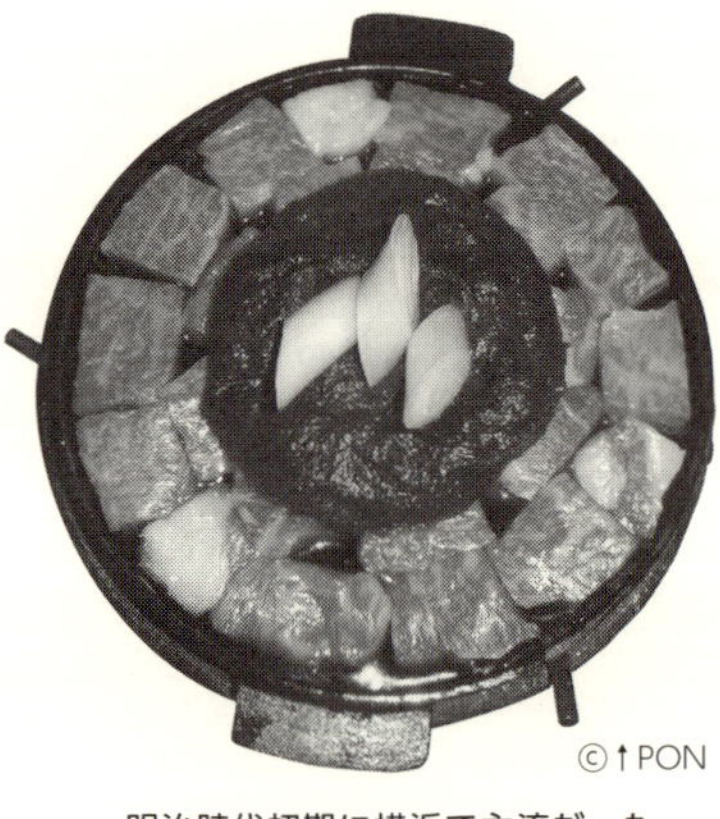

©↑PON

明治時代初期に横浜で主流だった
ぶつ切り牛肉の味噌鍋に近い牛鍋。

2 種類のすき焼き

明治時代は横浜で牛鍋が大流行しましたが、当時の日本には肉牛は生産されていませんでした。そのため、当初は中国大陸や朝鮮半島などから牛肉を輸入、のちに神戸に家畜商が登場し、横浜へ肉牛を供給するようになりました。この頃には、神戸に外国人居留地ができていて、関西でも牛鍋が流行していました。そうしたなか、肉を焼く際に、ざらめ（砂糖）と醤油で味付けする調理法が完成し、のちの関西風すき焼きとして発展。これは、割下を使う関東風すき焼きと対比されることになります。１８６９（明治２）年には神戸元町に「月下亭」というすき焼き専門店が開店しました。

東京では明治20年代になると、具材として牛肉や野菜のほかに白滝や豆腐が加わりますが、ネギは、ザクザクと切ることから「ザク」と呼ばれ、この「ザク」という言葉は具材全体の総称にもなります。これらをたっぷりの割下で煮た牛鍋が、関東風すき焼きとして次第に定着していきます。

なお、関西風のすき焼きが関東にやってきたのは、関東大震災がきっかけだといわれています。震災で多くのすき焼き店が焼失してしまったあと、関西のすき焼き店が東京で開店。関西風のすき焼きが伝わってきたといいます。

プラスワン情報

すき焼きの起源

幕末になるまで日本人は牛肉を食べる習慣がなかったが、すき焼きとは異なる「すきやき」といわれる料理がありました。その歴史が古いことを、1643（寛永20）年に刊行されたとされる料理書『料理物語』が証明しています。その本には、鯛などの魚介類と野菜を杉材の箱に入れて味噌煮にする料理（杉やき）が載っています。杉材をうすく削ったものを「へぎ」ともいうので、「杉やき」は「へぎ焼き」とも呼ばれたといいます。また、1801（享和元）年の料理書『料理早指南』には「鋤《すき》やき」として「鋤のうへに右の鳥類をやく也、いろかはるほどにてしょくしてよし」と記されています。この「鋤やき」が現在のすき焼きのルーツだという説がありますが、他にも、すき身の肉を使うことから「すき焼き」と呼ぶようになったという説もあります。さらに「杉やき」と、鳥類・魚類の焼肉という「鋤やき」があわさって、「すき焼き」の起源となったという説もあります。

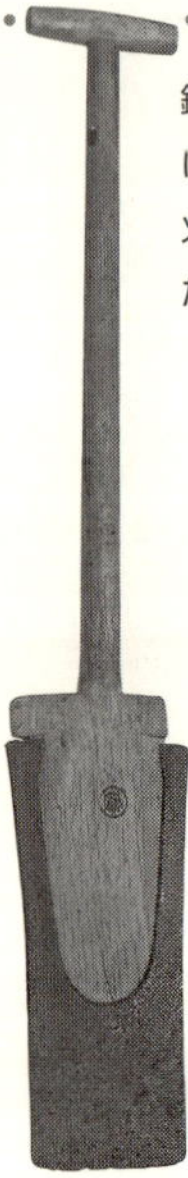

鋤は、人力で土を掘りおこすために使う道具。使い古した鋤の刃を火にかざして肉などを焼いて食べたという。

神社で神さまへの供えものをのせる台として使われている、へぎで作られている「へぎ盆」。

プラスワン情報

『SUKIYAKI』

1961年に坂本九が歌って大ヒットした『上を向いて歩こう』という歌があります。この歌が、1963年にアメリカで、『SUKIYAKI』という題名をつけられ、アメリカのヒットチャートの第1位にのぼりつめたのでした。

しかし、その歌詞に「すき焼き」は全く出てきません。ただ、SUKIYAKIとつけられたことで、牛肉好きのアメリカ人のあいだで大ヒットしたといわれています。当時のアメリカでは、すき焼きは、寿司以上に多くの人が知る日本料理だったようです。

海外ではSUKIYAKIは日本料理のひとつ。

3 全国各地で発展した「日本の洋食」

洋食の事始めは長崎

スペイン、ポルトガル料理

今も伝承される南蛮料理

九州は日本で最も早く外国文化が伝えられた地域です。地理的にも中国大陸に近く、また１５４３年に種子島に漂着したポルトガル人を乗せた船をはじめ、昔から外国人の往来が多くありました。当然、洋食が初めて伝えられたのも九州随一の貿易港だった平戸や長崎でした。とくに鎖国の時代には長崎だけが開かれていたことから、長崎の人々もおおらかで多様性に富む性質を育み、さまざまな食文化を受け入れて吸収していきました。

日本に初めて西洋料理をもたらしたのは、ポルトガル人、スペイン人でした。種子島にポルトガル人が漂着した１５４３年から、江戸幕府がポルトガルとの関係を断絶した１６３９年までのたった１００

長崎港

年足らずの間に、キリスト教の宣教を目的としたフランシスコ・ザビエルをはじめとする宣教師や商人が頻繁に九州やその周辺を訪れ、長崎を中心に天ぷらやカステラ、金平糖《こんぺいとう》など、今なお残る「南蛮料理」「南蛮菓子」と呼ばれるさまざまな食べ物を日本に伝えました。これらの食べ物を九州の人々は日本人好みに変えていき、やがて長い歳月をかけて日本の食べ物として定着させていったのです。

江戸幕府は九州を中心にキリスト教カトリックを布教して日本人信者を増やしていったスペイン人・ポルトガル人宣教師に危機感を抱いて、彼らを追い出し、代わりに布教活動をしないと宣言したライバルのプロテスタント国オランダとだけ交易をおこないました。しかし、オランダは食に関しては南ヨーロッパの国々ほどこだわりがなく、日本の洋食史にあまり影響を残していません。南蛮文化も主にスペイン、ポルトガル起源のものを示しており、ここでは日本に伝わったスペイン、ポルトガルを起源とする料理を中心に述べたいと思います。

リスボンにある「発見のモニュメント」のなかのザビエル（中央）。

●スペイン人、ポルトガル人が日本を訪れた時代背景

種子島にポルトガル人を乗せた船が漂着した16世紀頃は、大航海時代の旗手としてスペインとポルトガルが南米やインド、アフリカなど世界各地に植民地を広げていた時代でした。イベリア半島のこの両国は、1581年にハプスブルク家によるスペイン王がポルトガル王を兼ねる同君連合が成立。当初はポルトガルの自治が尊重され、経済も回復するなどポルトガルにとって良好な状況でしたが、1598年にフェリペ3世が王位に就くとポルトガルの自治の遵守が守られなくなり、商人に増税を課すなどしたことから、1604年にスペインを相手にしたポルトガル王政復古戦争が勃発。1668年にポルトガルの勝利により再び別々の国になりました。日本と交易のあった期間の後期半分以上はスペイン、ポルトガルの連合王国だった時代とかぶっていました。

そんな歴史背景のなかで、日本に伝わった南蛮料理、南蛮菓子も、スペイン発祥のものとポルトガル発祥のものがまざっています。さらに歴史をさかのぼれば、もともとはアジアや中近東が起源だった料理もあります。

●九州にあるスペイン、ポルトガルの影響を受けた料理

南蛮漬けとエスカベッシュ

南蛮料理の代表格ともいえる「南蛮漬け」は、地中海料理の「エスカベッシュ」がもとになった料理です。1502年にバルセロナで発売されたカタルーニャ語の料理書で、のちにスペイン語に

翻訳された『Libro de los Guisados（シチューの本）』で初めて紹介されました。

しかし、エスカベッシュのそもそもの起源は、6世紀のペルシャにあった「シクバージ（sikbag）」という料理だといわれています。基本は牛肉や羊肉の煮込みの酢漬けで、酢漬けは古代から殺菌作用のある保存食として重宝されてきました。アラブ人の船乗りに船上の保存食として好まれ、ジョアン・コロミナスの語源辞典には、ペルシャ語の al-sikbaj を語源にアラビア語で iskebech、escapex と変化して、エジプトを経由してスペインにたどり着くころには escabeche になったとあります。基本は揚げたりゆでたりした魚か肉を、たまねぎなどの野菜を加えた酢やかんきつ系果物の汁に漬けた料理という点で南蛮漬けと共通しています。エスカベッシュはスペイン、ポルトガルの植民地だった地域に広く伝わり、メキシコやフィリピン、ジャマイカなどでも食べられています。今日のスペインでは、エスカベッシュは、酒のおつまみであるタパス（小皿料理）の定番のひとつにもなっています。

スペイン、ポルトガルのエスカベッシュは、ベイリーフ（月桂樹の葉）で香りづけした白ワインとワインビネガー、

南蛮漬け

砂糖のマリネ液に揚げた魚を漬け込むのに対し、九州に伝わった南蛮漬けは、日本の伝統的な調味料である米酢、薄口醤油、みりん、砂糖、日本酒、和風だしの漬け汁を使います。これは、材料が手に入らなかったための代用だったのと同時に、長い歳月の間に日本人好みの味に定着したゆえといえそうです。なお、魚を漬ける際には、どちらもたまねぎが欠かせません。

魚の種類はスペイン、ポルトガルではイワシやサバの近種をよく使い、南蛮漬けは小アジが定番です。長崎や福岡など九州北部では、南蛮漬けはお正月に欠かせない料理として、おめでたい魚である小ぶりの鯛「キダイ」を使います。

味付けは、エスカベッシュよりも南蛮漬けの方が甘みが効いています。長崎が鎖国時代に砂糖貿易の入り口であったため、小倉まで続く長崎街道の沿道には砂糖を使った料理やお菓子が多く、そのため南蛮漬けも甘い味付けになったようです。

またスペイン、ポルトガルのエスカベッシュには唐辛子は入ったり入らなかったりするのですが、南蛮漬けには唐辛子（鷹の爪）の薄切りが欠かせません。これは、スペインが領地としていた南米発祥の唐辛子が南蛮貿易と切っても切り離せないものであり、「南蛮」という言葉が日本で長らく「舶来の」といった意味で使われていた名残りといえるでしょう。福岡など九州北部の一部では、唐辛子のことを「南蛮胡椒」「南蛮からし」もしくは単に「胡椒」と呼び、料理の薬味として、また唐辛子と柑橘類のゆずを原料にした「ゆず胡椒」のように加工して、唐辛子は今も九州の食文化と密接に関わっています。

スペイン料理のエスカベッシュ

南蛮漬けが進化した宮崎の「チキン南蛮」

南蛮漬けは九州でさらに進化を遂げ、昭和30年代末に養鶏が盛んな宮崎県の延岡にあった洋食店のまかない食から「チキン南蛮」が誕生しました。アジの南蛮漬けと同じ甘酢を使っていることから、この名がつけられたといわれています。

揚げた鶏むね肉を甘酢に漬けるまでは南蛮漬けの作り方と一緒ですが、鶏肉にまぶす衣を溶き卵にくぐらす点が違います。延岡市内にある発祥店の「直ちゃん」では、大分や宮崎特産のカボスまたはレモンをかけただけのシンプルなスタイルのチキン南蛮を提供しています。

一方、現在もっと一般的なタルタルソースを添えたチキン南蛮は、宮崎市内に本店のあるレストラン「おぐら」が考案しました。宮崎県内では「直ちゃん」や「おぐら」のほかにも、さまざまなレストランが甘酢やタルタルソースの味付けなどに工夫を凝らしてチキン南蛮の味を競っており、今では宮崎を代表するご当地グルメとして日本全国に知れ渡るようになりました。

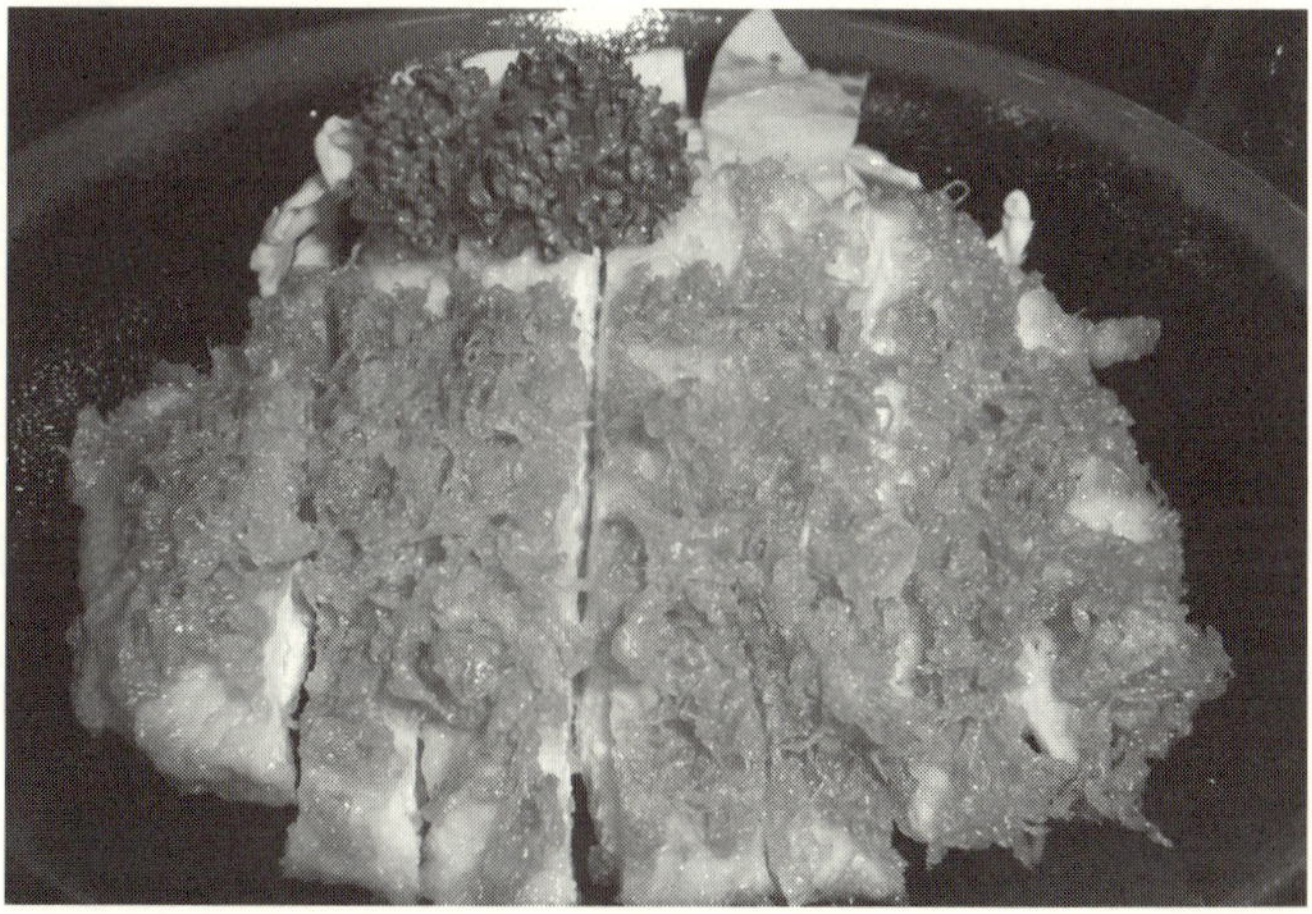

「直ちゃん」のチキン南蛮

長崎天ぷらとフリット

天ぷらの語源には、ポルトガル語で〝調味料〟を意味する tempero をはじめいくつかの説があります。ポルトガルで天ぷらに該当するであろう料理は、ラテン語で〝揚げる〟を意味する frictura が語源と考えられる「フリット（frito）」。英語のフリッター（fritter）も同語源で、どちらもあらかじめ衣に味をつけてから具を油でふわっと揚げる料理です。長崎には「長崎天ぷら」という、味付きの衣で魚、えび、鶏肉などを揚げたフリットそのものの天ぷらがあり、これは明らかにポルトガル人が伝えた料理だといえそうです。

しかし、衣をつけた具を油で揚げる、いわゆる一般的に天ぷらと呼ばれている料理は、ポルトガル人がやってくる以前の奈良時代から平安時代にかけてすでに日本に存在していました。九州をはじめ西日本では、さつま揚げや宇和島のじゃこ天のような魚のすり身の揚げ物も天ぷらと呼びます。ポルトガル人が伝えたという「天ぷら」は、こちらに

長崎天ぷら

ポルトガルのフリット

近かったのではないでしょうか。

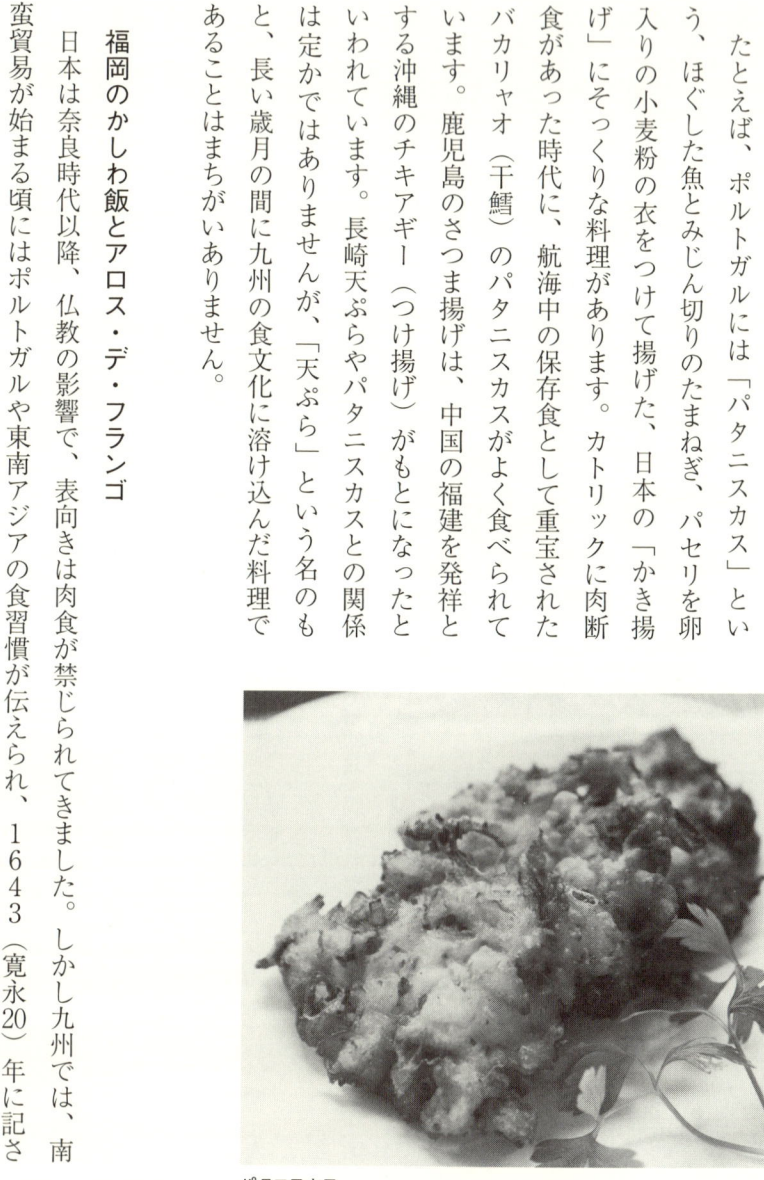

たとえば、ポルトガルには「パタニスカス」という、ほぐした魚とみじん切りのたまねぎ、パセリを卵入りの小麦粉の衣をつけて揚げた、日本の「かき揚げ」にそっくりな料理があります。カトリックに肉断食があった時代に、航海中の保存食として重宝されたバカリャオ（干鱈）のパタニスカスがよく食べられています。鹿児島のさつま揚げは、中国の福建を発祥とする沖縄のチキアギー（つけ揚げ）がもとになったといわれています。長崎天ぷらやパタニスカスとの関係は定かではありませんが、「天ぷら」という名のもと、長い歳月の間に九州の食文化に溶け込んだ料理であることはまちがいありません。

パタニスカス

福岡のかしわ飯とアロス・デ・フランゴ

日本は奈良時代以降、仏教の影響で、表向きは肉食が禁じられてきました。しかし九州では、南蛮貿易が始まる頃にはポルトガルや東南アジアの食習慣が伝えられ、１６４３（寛永20）年に記された料理書『料理物語』でも「南蠻料理《なんばんりょうり》」という名で、鶏の水炊き料理が記載されていました。九州では鶏肉のことを「かしわ」といい、水炊きとともに福岡の鶏料理の代表格である鶏肉の炊き込みご飯「かしわ飯」は、ポルトガルの食文化の影響を受けたのではないかといわれています。

ポルトガルの鶏肉の炊き込みご飯は「アロス・デ・フランゴ」といいます。これは、細かく切った鶏肉と、にんじん、たまねぎ、ソーセージをバターで炒め、塩味をつけて白ワインを加えた液でご飯を炊くという料理。一方「かしわ飯」は、細かく切った鶏肉とにんじん、ささがきごぼう、しいたけをごま油で炒め、日本酒、醤油、みりんを加えた液を加えて煮つめ、米に加えて炊く料理で、手順も出来上がりの見た目もよく似ています。江戸時代には、米を節約するためにさつまいもや大根などをまぜた炊き込みご飯が見られましたが、九州には昔からお祝事や来客の際に

かしわ飯

アロス・デ・フランゴ

は、鶏をつぶして料理をしたりご飯を炊いてもてなす習慣があり、かしわ飯もそんな料理のひとつでした。１９２１（大正10）年に、今も続く福岡の「東筑軒」が弁当として原案を開発したともいわれています。

もっとも、稲作の起源は約1万年前の中国中南部で、米食文化は中国から中東に渡って、さらに「侵略者」のアラブ人とともにポルトガルのあるイベリア半島に伝わったので、アロス・デ・フランゴは別の発展を遂げてアジアに再び戻ってきた米料理であるともいえます。

長崎の卓袱《しっぽく》料理

鎖国時代に唯一の外国との貿易港だった長崎には、「卓袱料理」という西洋料理と中国料理が日本化した独特の折衷料理があります。卓袱の「卓」は丸いテーブル、「袱」はテーブルクロスの意味です。卓袱料理は、江戸時代に貿易のために長崎に住んでいた中国人やオランダ人の料理をもとにしてできた、長崎ならではのもてなし料理です。

丸いテーブルに、大皿に盛られたたくさんの料理が並べられます。それを、各自のおはしとトンスイと呼ばれ

長崎の卓袱料理

る陶器のスプーンで小皿に取って食べるのです。このような大皿の料理を取りわけて食べるというのは、当時の日本にはなかった食事の形でした。それまでは、料理は一人ひとりお膳にのせて出されていたのです。

また、丸いテーブルは、身分の上下に関係なく席に着くことができます。身分がはっきり決められていた江戸時代では、だれもが平等に料理を取りわけて食べる卓袱料理は、先進的な食事形式でした。

卓袱料理の宴会は、客をもてなす側の主人の「おひれ（御鰭）をどうぞ」というあいさつで、食事が始まります。「おひれ」というのは、タイやエビ、鶏肉、みつばなどが入った吸物のこと。もともとタイの尾ひれを入れて、「ひとりのお客さまに魚1尾をつかって歓迎している」という意味をあらわしたといわれています。

卓袱料理のひとつ、「ぱすてぃ」

スープ入りの鶏肉、ぎんなん、もやし、やまいもなどの具を煮て、ゆで卵を加え、深めの皿に入れてパイ生地を網の目にかぶせてオーブンで焼いた「ぱすてぃ」は、ポルトガルやオランダの料理に中国料理がまざったような、長崎ならではの卓袱料理のひとつです。

ぱすてぃは、鎖国時代に書かれた『南蛮料理書』には「はすていら」の名前で登場します。これはおそらく、スペインのアンダルシア発祥でモロッコでも食べられている「パスティラ」が語源。

パスティラは鶏肉（伝統的にハト肉）を使ったパイ皿で作る料理で、アラビア語には「パ」の発音がないため、モロッコでは「バスティラ」と呼ばれることもあります。

パイ料理の発祥地は古代エジプトだといわれ、ローマ人がローマ帝国の領土拡大とともにヨーロッパ中にパイ料理を広め、各地でさまざまなバリエーションが誕生しました。アンダルシアのパスティラが「フィロ」という地中海地方の小麦粉の薄い生地にオリーブオイルを塗りながら重ねて生地を包むのに対して、卓袱料理のぱすてぃに使われるのは、イギリスやオランダなどもっと北方で好まれたバター入りの厚手のパイ生地です。

格子状にパイ生地を編んだ表面の模様は、16世紀後半から18世紀半ばに西ヨーロッパで全盛だったという、さまざまな凝った格子柄のペイストリーが簡素化されて残ったものでしょう。パスティラもそうですが、スペインやモロッコではシナモンなどのスパイスで表面の模様をつけることが多いようです。つまり、はすてぃら（ぱすてぃ）は、名前はスペインでも料理自体はオランダ由来であろう、というわけです。

ちなみに、ポルトガルには「パスティス（pasteis）」もしくは「パステル（pastel）」という似た単語のパイ料理もありますが、こちらは〝パスティス・デ・ナタ〟（エッグタルト）のように手のひらサイズのパイなので、別物と思われます。

長崎の卓袱料理のひとつ、ぱすてぃ

アンダルシア発祥のパスティラ

平戸の南蛮菓子「カスドース」

日本有数の貿易港のイメージが強いのは長崎ですが、九州の最西端にある同じ長崎県の平戸は、長崎に先立って中国や朝鮮半島、ポルトガル、オランダと貿易をおこなっていた港町でした。旧平戸松浦氏の城下町であり、九州本土と向かい合う平戸島の海沿いには、キリスト教を布教したフランシスコ・ザビエルの平戸訪問を記念して建立された像にちなんで名づけられたカトリック教会や三浦按針（ウィリアム・アダムス）の墓所、復元されたオランダ商館など、江戸時代初期の鎖国前に国際貿易港として栄えた面影が今も残る、情緒あふれる街です。

16世紀頃のヨーロッパでは平戸は「フィランド」と呼ばれ、西洋の文化が次々と上陸する繁栄した街でした。ヨーロッパから伝わった品物の代表格は、当時は高価だった砂糖です。ま

平戸港

た、平戸には12世紀に中国の栄西禅師によって茶が伝えられ、松浦氏による「鎮信流」という茶道の流派が誕生して、独特のお菓子文化が花開きました。松浦家には江戸末期から「百菓之図」というお菓子の図鑑が代々伝えられており、ポルトガルやオランダ、また東南アジアなどの影響を強く受けたお菓子が散見され、興味深い限りです。

なかでも平戸を代表する南蛮由来の菓子として今でもよく知られているのが、「カスドース」。安土桃山時代にポルトガルの商船が出入りしていた平戸に、渡来したキリスト教の宣教師達によって伝えられ、その後、平戸藩門外不出の菓子になったといわれています。「カス」はカステラ、「ドース」はポルトガル語で〝甘い〟を意味する doce 。カステラを作る過程で四角く切り分け、溶いた卵黄にくぐらせたあと

平戸のオランダ商館

高台に立つ平戸のザビエル像

熱した糖蜜の中で揚げるように浮かび上がらせ、さらにグラニュー糖をまぶしたお菓子で、砂糖が高級品だった当時は大変なぜいたく品でした。長崎の名物になったカステラよりも、カスドースのレシピの方が先に日本に伝わったという説もあります。平戸藩松浦家御用達菓子司だった「蔦屋」がカスドースの元祖を名乗っていますが、平戸では商標の関係でカスドースと類似した別名の同様のお菓子が複数、販売されています。

現在のポルトガルにはカスドースと同様のお菓子はないようです。ただカステラもそうですが、砂糖と卵黄をたっぷり使うお菓子はポルトガルには非常に多く、「ソパ・ドゥラーダ」という固くなったカステラに卵黄をくぐらせたお菓子が、カスドースの製法に比較的似ていると思われます。

カスドース

なお平戸では現在、松浦家に伝わる「百菓之図」にヒントを得て、オランダのアーティスト・デザイナーらと組んで現代に蘇らせ、平戸の文化を海外へ発信する「東西百菓之図」というプロジェクトが進行中です。一方、江戸時代初期にキリシタン弾圧の渦中におかれたポルトガル人司祭を中心に描いた遠藤周作の小説『沈黙』がハリウッドで映画化され、「長崎と天草地方の潜伏キリシタン関連遺産」が平成30年のユネスコ世界文化遺産登録を目指すなか、平戸の名はその南蛮文化の伝統とともに再び海外で広く知られるようになるかもしれません。

キリスト教の布教にも利用されたお菓子の数々

カスドースやカステラと同様に、マカオのパステル・デ・ナタ（エッグタルト）やブラジルのプジン（カスタードプリン）など、ポルトガルの旧植民地には卵黄と砂糖を使ったポルトガル発祥のお菓子が伝えられました。砂糖だけを使った金平糖《こんぺいとう》や有平糖《あるへいとう》といったポルトガル由来のお菓子も、日本に伝えられました。これらの甘いお菓子はもともと、キリスト教を布教するためにやってきた宣教師たちが信者を増やすために配ったもので、砂糖を知らなかった日本人も中毒性のあるその甘美な味に魅了され、キリスト教に入信していったのでした。

金平糖

一方、卵を食べる風習もポルトガル人が日本にもたらしたものです。日本では仏教の殺生戒の教えから、卵を食べることは恐れ多いことと考えられていました。九州を中心に卵を使った食べ物が広まり、カスドースやカステラのほかにも、鶏卵素麺《けいらんそうめん》、ぼうろ（ボーロ）といったポルトガル伝来の南蛮菓子が今も受け継がれています。鶏卵素麺というのは、氷砂糖を沸騰させて作った蜜の中に、卵黄を細く流し入れて素麺状に固めたお菓子。

水気を絞った豆腐に野菜などをまぜて成形して揚げた「ひりょうず」（飛竜頭、がんもどき）は、今では食事のおかずと考えられていますが、語源となったポルトガルのフィリョースは、もともと小麦粉と卵をまぜて油で揚げたお菓子でした。

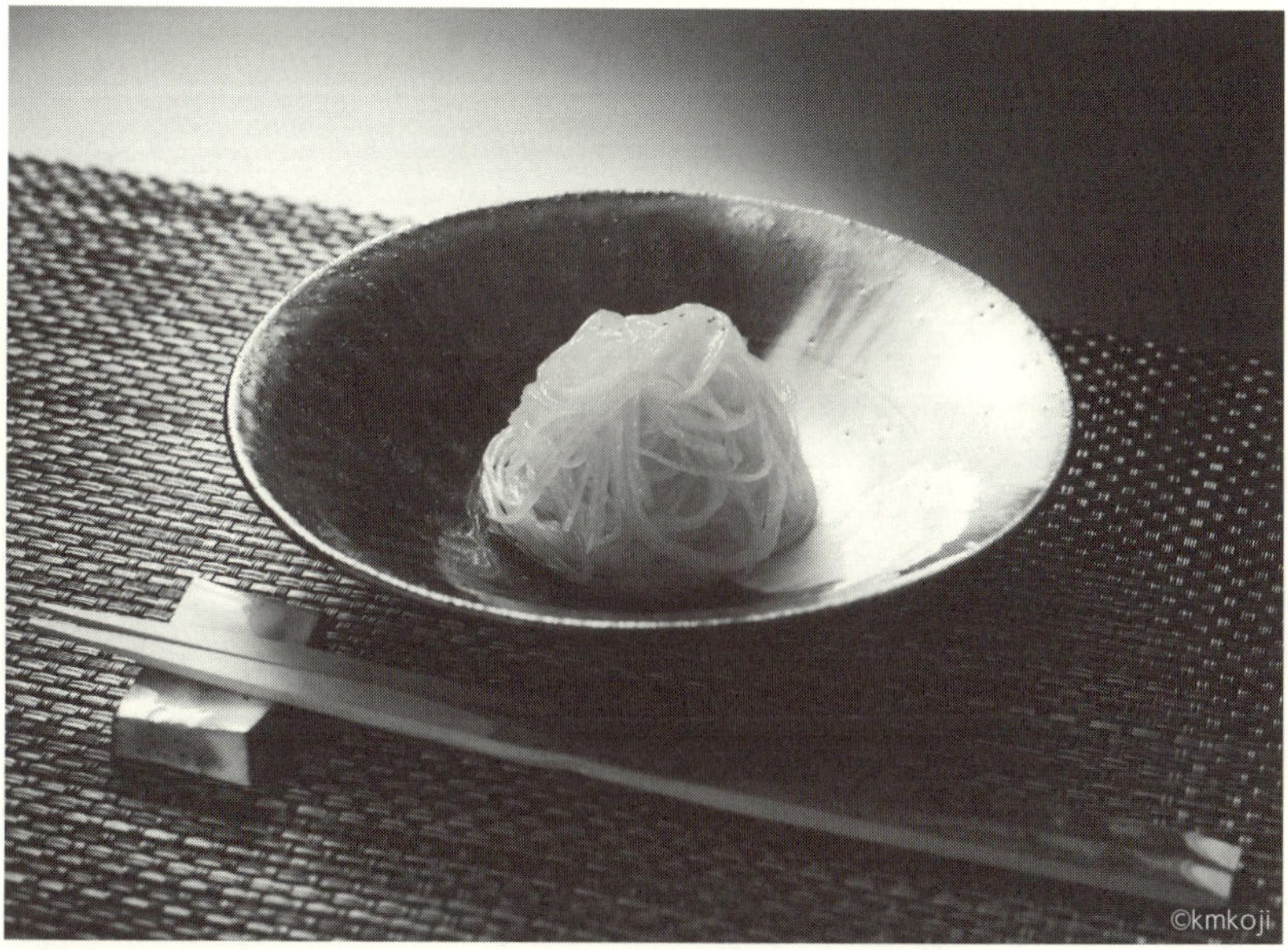

松屋利右衛門の鶏卵素麺

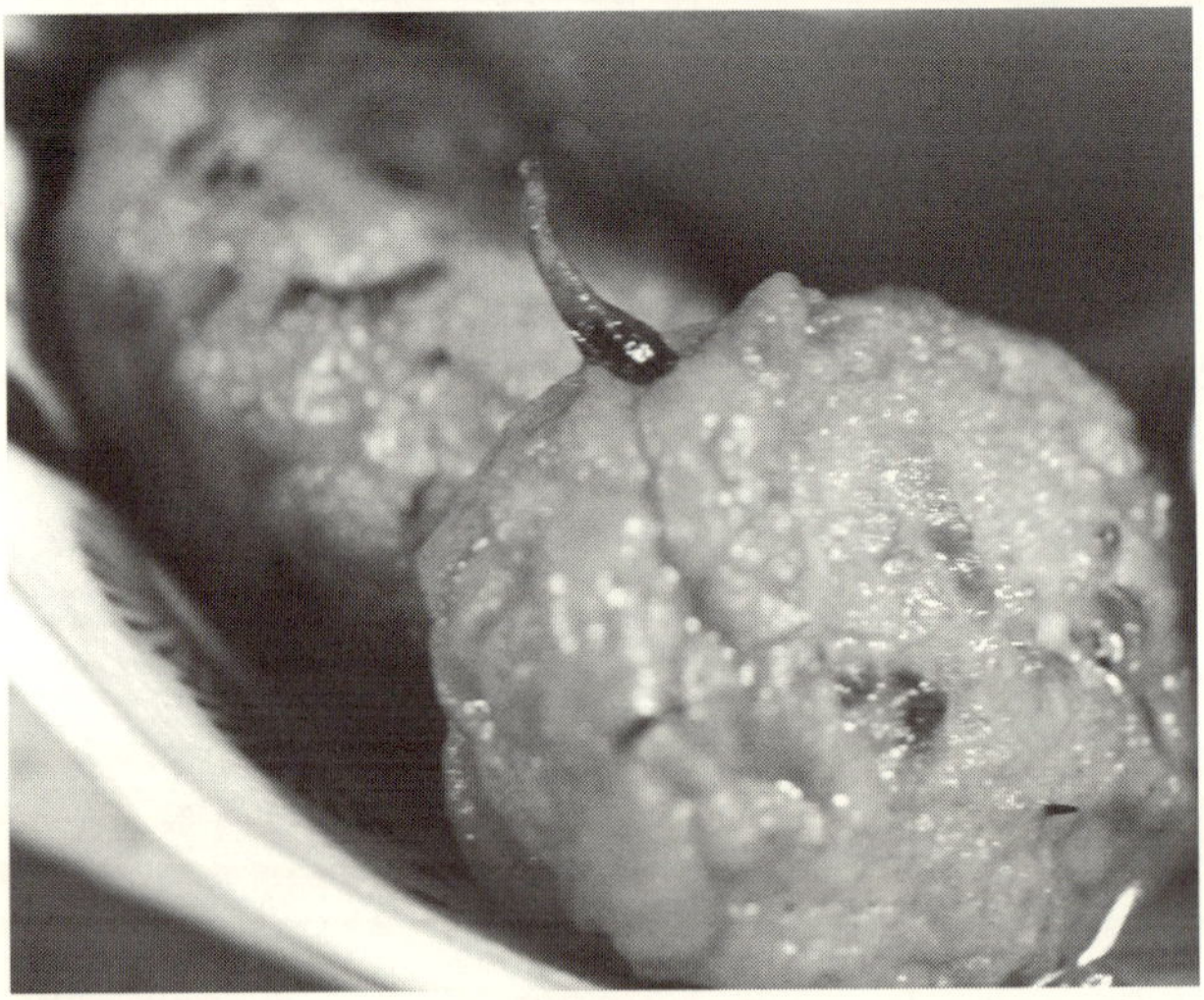

ひりょうず

ポルトガルのフィリョース

プラスワン情報

スペイン、ポルトガルを訪ねて

イベリア半島にあるスペイン、ポルトガルの両国を訪ねると、似ている点はたくさんあっても人の気質がかなり違うことを実感します。スペインにおいては、もともと別の王国が合併してできた国、各州ごとでも気質の違いが明確です。とくにバルセロナのあるカタルーニャ州はスペインから独立を目指していて、あちこちの家にカタルーニャ州の州旗が掲げられているのが印象的でした。一方、大航海時代に多くの船が出帆したのも、1615年に支倉常長とともに慶長遣欧使節がスペイン入りしたのも、イスラーム王朝時代の面影を色濃く残す南部アンダルシアのセビリア港。日本に最初に伝わったスペイン料理が、中東の影響を受けたエスカベッシュやパスティラだったのもうなずける感じでした。セビリア近郊のコリア・デル・リオという町には、慶長遣欧使節の一員で、スペインに残った日本人やその関係者の子孫が、「ハポン（Japón または Xapón）」姓を名乗って今も暮らしています。

一方ポルトガル人は、強い個性を持った人の多いスペインから比べるとずっと穏やかで、カステラの元祖といわれるパォン・デ・ロー、鶏卵素麺のもとになったフィオス・デ・オーボのほか、イワシの炭火焼、日本の雑炊にそっくりな米料理など、南蛮料理に限らず日本人にとって親近感を覚える食べ物がいろいろあっ

カステラ

たのが驚きでした。ポルトガルの大西洋沿岸は、日本と同じように伝統的に漁業を営む人々が暮らしています。内陸部にはスペインという、常に合併吸収に脅かされてきた大国があり、生活のために海に出ていくしかないというポルトガルの地理的な背景から、ひかえ目で、どこか哀愁を秘めた気質が育まれたのかもしれません。このような点も日本人の心に響くものがあります。

パォン・デ・ロー

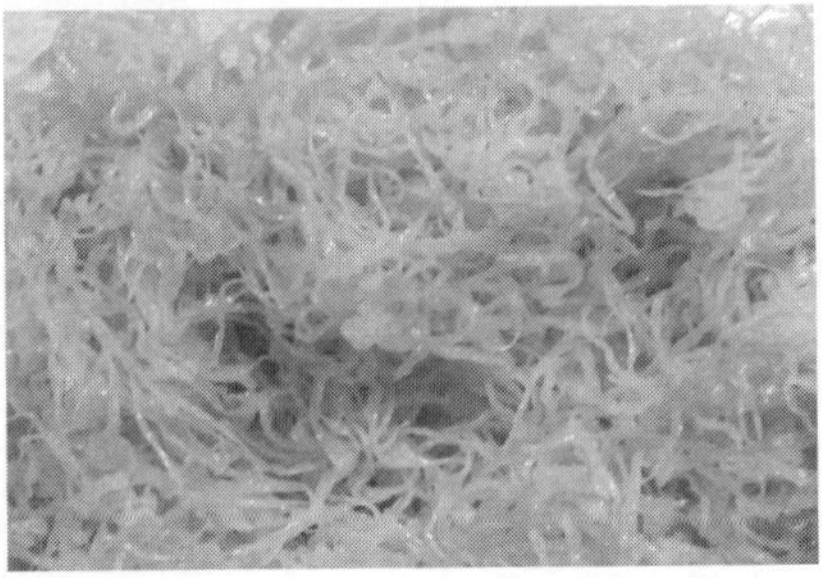
フィオス・デ・オーボ

ポルトガルのイワシの炭火焼き

日本のスペイン、ポルトガル料理　歴史年表

年代	できごと
1543年	種子島に漂着した船に乗っていたポルトガル人により、日本に鉄砲とキリスト教、パンが伝えられる。
1549年	イエズス会の宣教師フランシスコ・ザビエル来日。キリスト教布教が始まり、キリシタン大名をはじめ多くの信者を獲得。
1557年	ポルトガルがマカオの使用権を獲得。マカオを拠点として、日本・中国（明）・ポルトガルの三国の商品が取引開始。
16～17世紀	織田信長らの庇護のもとで九州を中心に南蛮貿易が始まる。
16世紀	ポルトガルの宣教師により平戸や長崎に南蛮料理やパン、ワイン、カステラ、カボチャ、スイカ、トウモロコシ、ジャガイモ、トウガラシが伝わる。また来航者用に牛、豚、鶏肉が生産される。
1580年	イベリア半島にスペイン王がポルトガル王を兼ねる同君連合が成立。1640年まで続く。
1582年	天正遣欧少年使節、長崎を出発。ヨーロッパの人々に日本の存在が知られるようになる。
1587年	豊臣秀吉がバテレン追放令を発令。
1595年	サン＝フェリペ号事件発生。「キリスト教の宣教師を送り込んで民衆をキリシタンに改宗させて味方にし、その上で軍隊を派遣して支配する」と聞いた秀吉は、この事件以降バテレン追放令を硬化。
1614年	徳川家康によるキリスト教禁止令の発令。ポルトガル人の寄港地は平戸と長崎に制限される。
1615年	慶長遣欧使節がスペインを訪問。支倉常長がフェリペ3世らに謁見。

1624年	スペイン船の来航が禁止。
1637年	島原の乱が勃発。
1639年	江戸幕府、オランダとの貿易を開始、ポルトガルとの関係を断絶。
1858年	1853年のペリーの黒船来航によって開国し、日米修好通商条約を調印。
1860年	ポルトガルと日葡和親条約・日葡修好通商条約を調印。外交関係を再開。
1868年	スペインと修好通商航海条約を調印。外交関係を再開。
1942年	日本軍がポルトガル領ティモール（東ティモール）を3年間占領。外交関係が一時途絶。
1956年	日本初のスペイン料理レストラン「カルメン」が神戸に開業。
1960年代	宮崎県延岡市で「南蛮漬け」を土台にした「チキン南蛮」が洋食店のまかない食として誕生。後に宮崎県のご当地グルメとして定着し、全国に知られるようになる。
1999年	ポルトガルがマカオを中華人民共和国へ返還。アジアでのポルトガル領が事実上消滅。
2002年	日本初のポルトガル料理レストラン「マヌエル」が東京渋谷に開業。
2000年頃～現在	スペインの小皿料理「タパス」、串刺しの「ピンチョス」が日本でブームに。

「西洋料理」と「洋食」

●西洋料理が日本人好みの洋食へ

日本では、今でこそフランス料理、イタリア料理、ドイツ料理といったような国ごとのレストランが当たり前になりましたが、１９７０年の大阪万博の開催前あたりまでは、これらは漠然と「西洋料理」としてひとまとめにされる傾向にありました。77カ国が参加した大阪万博には、自国の料理を提供するレストランを併設したパビリオンもあり、万博をきっかけに日本人の国際感覚と海外の食文化に対する知識が向上したともいえるでしょう。

では「西洋料理」と「洋食」の違いはといえば何でしょうか。前者は高級料理で、後者は大衆的な料理、もしくは前者はパンと、後者はご飯と食べる料理といった形式的な相違もあります。もっといえば、明治時代に地位的にも体格的にも欧米と肩を並べるために取り入れられた西洋料理が、日本に溶け込んでいく過程で大衆化されたり、日本にある食材で代用されたり、日本人好みにアレンジされたり、もしくはまったく新しい日本独自の料理が発明されたりしながら発展したのが「洋食」であるともいえます。

庶民の町・浅草の洋食事情、「ちんや」住吉社長に聞く

文明開化の明治時代から要人や外国人が集う首都・東京は、西洋料理とともに洋食が花開いた街でもあります。第二次世界大戦前の大日本帝国時代の日本は今では考えられないほどの階級社会で、高級な西洋料理レストランに行けるのは、ほんの一握りの特権階級の人だけ。それでも庶民は「ハイカラな新しい料理を食べてみたい」という思いを抱いていました。そんななか、手ごろな価格で洋食を提供する店が集まったのが、明治から昭和初期にかけて一大繁華街として栄えた浅草でした。

「ちんや」住吉史彦社長

「ちんや」開業当時の浅草のようす。

そんな浅草の洋食事情を、1903（明治36）年にすき焼き店として開業以来この地に根を下ろす「ちんや」の6代目社長である住吉史彦さんにうかがいました。

「浅草の周辺はもともと職人の町で、半纏《はんてん》を着て出かけられる縄のれんを下げたような気楽な店が好まれたんです。一方で、浅草っ子は粋で進歩的なものを好む気質があって、新しいものには何でも飛び付きます。当時は人気を博していた浅草オペラなどが、情報発信基地のような役割を果たしていました。永井荷風らの知識人も足しげく通っていたといいます。それでどうやら「上野精養軒《うえのせいようけん》」や銀座の「煉瓦亭」のような西洋料理店があって、珍しい料理を出すら

しいという話を聞き出した。しかし、そういった店はスーツ姿で入る場所であって、自分たちの身分相応じゃない。でも洋食は食べてみたい。というわけで、そんな需要を満たすために浅草に大衆的な洋食店ができはじめました」。

「当時人気があったのは「須田町食堂」という店で、ここは今は「浅草聚楽」という名前に代わって営業を続けています。もともとは神田須田町に「簡易洋食」ののれんを掲げた店のようです。今の浅草の店では、洋食のほかに和食や中華なども出すファミリーレストランのような店になっていますが、当時も万人向けの総合食堂だったらしい。日本人の口に合うご飯や日本酒にぴったりくる洋食ですね」。

「私はそもそも、「洋食」の本質は大衆化であると思っています。戦後の貧窮時代には、洋食の食材が手に入らなかったために仕方なく日本の材料に置き換えたこともあったと思う。これも洋食が日本風の味になっていった一因でしょうね。とくに浅草は庶民的な洋食店が多かったから、競争も激しかったし、大衆化に走るあまりに洋食から逸脱してしまった店もあったかもしれない。浅草

浅草聚楽（旧須田町食堂）

銀座の煉瓦亭

は東京で最も大衆的な繁華街でしたから、東京を代表する洋食店がもっとあっても不思議ではないのですが、それがないのは、日本に溶け込みすぎて、もはや洋食と認識されなくなった料理が多いからではないでしょうか。私は、広い意味ではカレーそばも洋食と考えなければいけないと思っています。今、浅草で定評がある洋食店は、「ヨシカミ」さん（1951年創業）や「グリルグランド」さん（1941年創業）、「ぱいち」さん（1936年創業）といった技術力のある老舗ですね」。

「実は「ちんや」にも昔は洋食部があって、エビフライなんかを出していたんですよ。今は、すき焼きの溶き卵に、通常の何も入れないもののほかに、カレーオイル、ヨーグルトの2つの味をご用意しているんです。カレー風味のすき焼きは映画監督の小津《おづ》安二郎《やすじろう》が好んで食べていました。すき焼きは「甘」「辛」「旨」の三味が強烈ですから、「苦」や「酸」を足すことで五味がそろい、最後までおいしく食べ続けられるという理にかなった点から考案しました。浅草という地で、これからもすき焼きに新しい風を吹き込んでいければと思っています」。

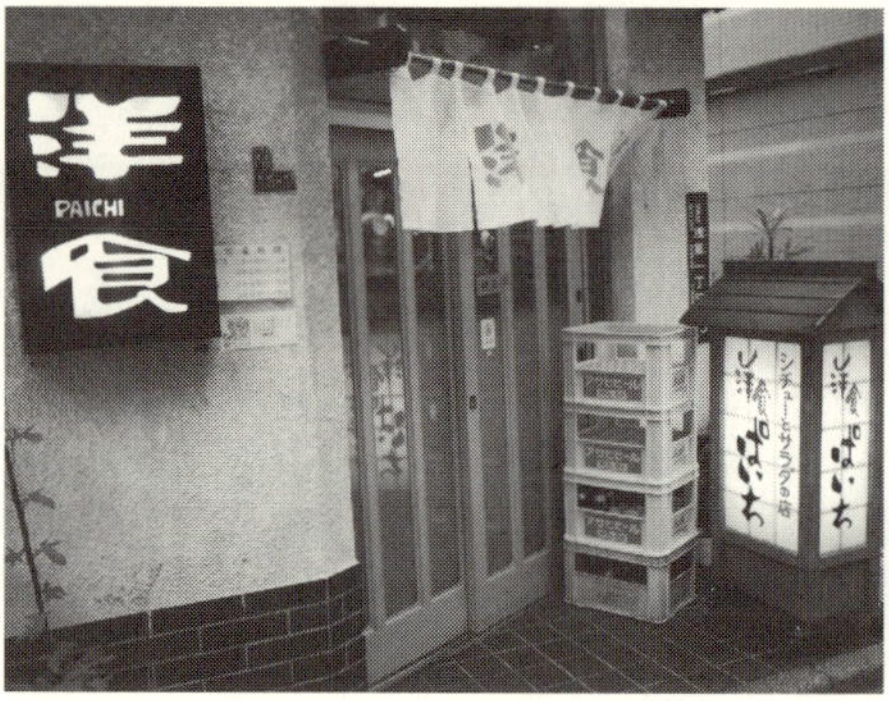

ぱいち

ヨシカミ

●日本で「洋食」になった西洋料理

カツレツ（とんかつ）

薄切り肉に細かいパン粉または小麦粉と溶き卵の衣をつけて少量の油で揚げたカツレツは、ラテン語の costa（あばら骨）を語源として、もともとは仔牛や豚、仔羊のあばら骨から取った骨付きの薄切り肉を意味していました。カツレツは英語表記の「カトレット（cutlet）」からきた言葉で、カツレツのもとになったフランスでは「コートレット（côtelette）」といいます。イタリアの Cotoletta alla milanese（ミラノ風カツレツ）、それをオーストリア＝ハンガリー帝国のラデツキー将軍がウィーンに持ち帰って作らせた Wienerschnitzel（ウィンナー・シュニッツェル＝ウィーン風カツレツ）、フランス料理を地元の伝統料理と組み合わせたウクライナの Kotleta po-kyivsky（キエフ風カツレツ）など、ヨーロッパにはコートレットと同様の料理が各地にあります。

ウィンナー・シュニッツェル

コートレット（カツレツ）は、フランスでは総じて「チョップ」に近い骨付き肉であるのに対して、イギリスでは、骨付き肉ではなく、骨なし肉や身をすりつぶしたり肉以外の食材を使うこともあります。たとえばイギリス人が調理方法を伝えたスリランカのカトレットは、じゃがいもとサバなどの魚の身をほぐした具にスパイス味をつけ、だんご状にまるめて揚げたコロッケのような食べ物です。日本に伝わったのもイギリス式だったと思われます。

カツレツは、日本では、銀座の「煉瓦亭」が「仔牛のコートレット」という名称で売り出したのが始まりとされます。天ぷらのようにたっぷりの油で揚げ、千切りの生キャベツを添えて、ウスターソースをかける現在の日本式の食べ方を初めて提案したのも「煉瓦亭」でした。しかしコートレットは味がくどくて評判が悪かったようで、これを改良して豚肉を使った「ポークカツレツ」が誕生しました。また、こってりしたソースをあっさりとしたウスターソースに変え、パンの代わりにご飯も用意しました。

「ぽん多本家」のカツレツ

御徒町《おかちまち》にある1905（明治38）年創業の「ぽん多本家」は、洋食店と銘打って今も「カツレツ」の名称でメニューにとんかつを載せていますが、付け合わせはご飯と味噌汁、漬物という純日本式です。お店がこうした日本人に合うスタイルで提供するようになったのも、カツレツの普及に一役買ったといえます。

カツレツがとんかつの名称に変わったのは昭和初期頃だといわれています。日本の調理法にアレンジされ、ヨーロッパではフライパンのような浅い鍋に油を入れて調理するのに対して、日本では天ぷらの応用として油をたっぷり入れた深鍋で揚げます。肉も他の国のカツレツ料理より厚くてやわらかく、独特のおいしさがあります。

●日本各地で誕生したカツレツ料理

銀座の「煉瓦亭」が明治時代に提供したフランス料理「仔牛のコートレット」および「ポークカツレツ」を始まりとして、カツレツ料理は日本人好みの庶民的な洋食として広まっていきました。

文明開化のときに、それまで農耕用の家畜として牛を使っていた関西は手に入りやすかった牛肉が定着し、馬を使っていた関東や東北では馬よりも飼育のしやすい豚の肉が定着していきます。両者の文化圏の境界線は、関ケ原付近や、長良川、揖斐川の東西で分かれるなど諸説ありますが、そのために、今でも老舗店などで単に「カツレツ」とメニューに書かれていた場合、関東と関西の店では肉が違うということがあります。

通常は「とんかつ」、「牛かつ（もしくはビフカツ、ビーフカツ）」とよんで区別していますが、そんな食肉の文化圏を反映して、日本各地で独自のカツレツ料理が誕生しました。

エスカロップ（根室）

「薄切り肉」を意味するフランス語の「エスカロープ」もしくはイタリア語の「スカロピーネ」

を語源に、1963年頃に北海道の根室で誕生した、とんかつとバターライス、サラダの盛り合わせ料理。薄切りのとんかつにデミグラスソースがかかっていて、バターライスにはなぜかたけのこが入ります。当初はケチャップ味のライスもありましたが、くどいということで廃れてしまったそうです。東京の新橋で修行したシェフが根室に持ち込んだのが始まりで、漁業の盛んな根室では、忙しい猟師たちが駆け込みで早く食べられる栄養のある料理ということで、需要があり人気を集めました。

タレカツ丼（新潟）

新潟は安政の開国によって外国文化の受け入れ口となった開港5大都市のひとつであり、洋食が早くから根づいていた街。昭和初期には洋食を出す屋台もあり、タレカツ丼はそんな屋台のひとつから誕生した和洋折衷料理でした。衣が薄めの揚げたてのとんかつを醤油ベースの甘いタレにくぐらせ、どんぶり飯に乗せただけのシンプルな料理ですが、米どころ新潟のご飯のおいしさが加わり、他県からもわざわざ食べにくる人がいるほどといいます。

とんかつエスカロップ

タレカツ丼

味噌かつ（名古屋）

江戸時代から愛知県岡崎市の名産品だった八丁味噌は、名古屋を含む中京圏の食卓に欠かせないソウルフードのような調味料であり、味噌汁や味噌煮込みうどんなどに昔から活用されてきました。この濃厚でこってりとした八丁味噌をベースにしたタレをとんかつにかけて食べる味噌かつは、1960年代後半に名古屋もしくは三重県の津で誕生したといわれる料理。岡崎のある三河地方は、その名の由来になったように矢作《やはぎ》川、男《おと》川《がわ》、豊川という3つの川に囲まれているため湿気が多く、ものが腐りやすい土地柄でした。そのため防腐用に味噌の味も濃くなり、結果的に濃い味が好まれる土地柄になったという歴史背景があります。八丁味噌ベースのタレはデミグラスソースにも似た味わいで、とんかつにも違和感なく合います。

味噌かつ

ビフカツ（大阪、神戸）

関東圏のとんかつに対して、牛肉文化圏の関西では牛肉のカツレツのほうが人気を博し、神戸や大阪の老舗洋食店で単に「カツレツ」とメニューに書いてあった場合は、牛肉のカツレツが出てくることがあります。関西では牛肉のカツレツを牛カツ、ビーフカツ、ビフカツと呼び、デミグラスソースまたはウスターソースをかけて食べます。ビフカツはどちらかというと庶民的な店、ビーフカツレツは少し高級なお店と区分されているようです。近年はミディアムレアのカツが人気を呼んでいます。

ビフカツ

ソースカツ丼（福井）

福井のソースカツ丼は、1907年から1912年にかけてドイツのベルリンで料理修行した高畠増太郎が、ドイツの豚肉のシュニッツェルにウスターソースをベースにしたタレをつけてご飯にのせた料理を東京で発表し、早稲田に開業した自分の店で売り出したのが始まりでした。大正12年の関東大震災で店を失った高畠が故郷の福井に帰って始めた店「ヨーロッパ軒」で同じ料理を提供し、またのれん分けをした店などでもソースカツ丼を出すようになって福井に広まっていきました。とんかつにドイツ式のキメの細かいパン粉をまぶし、ご飯にもタレがまぶしてあるのが特徴で、福井ではカツ丼を注文するとソースカツ丼が出てくるほどです。

なおソースカツ丼は、群馬県や福島県、長野県などにも存在し、「ヨーロッパ軒」発祥説、まったく関わりのない場所で同時期に誕生した説などがいわれています。

デミカツ丼（デミグラスソースカツ丼）（岡山）

デミカツ丼は、昭和6年に開業した料理店「味司 野村」の店主が東京のホテルで修行をしているときに考案して店で提供して以来、岡山に広まった料理。どんぶりに盛ったご飯の上にデミグラスソースをかけ、千切りキャベツ、食べやすくカットしたとんかつを順に乗せ、さらにデミグラスソースをかけて食べるのが定番です。岡山のデミグラスソースは煮干しや鶏ガラスープをベースに作ることもあり、ラーメンのスープと共用できることから、岡山市内ではラーメン店がラーメンとデミカツ丼をセットにして出すこともある点が独特です。

トルコライス（長崎）

1950年頃に長崎で誕生した、ピラフ、ナポリタン、デミグラスソースをかけたとんかつの盛り合わせ。トルコ料理とは関係なく、アジア（のピラフ）とヨーロッパ（のスパゲッティ）の架け橋になっているから、3種の料理のトリコロール（3色）だからなど、名前の由来には諸説あります。長崎ちゃんぽんに代表されるように、昔からさまざまな文化が混ざり合って独自の食文化を生み出してきた長崎の土壌が、自然発生的に生んだ料理ともいえるかもしれません。

ソースカツ丼

デミカツ丼

トルコライス

コロッケ

日本に根づいた数ある洋食の中でも、家庭料理のおかずとしてもっともよく食べられているもののひとつがコロッケではないでしょうか。昭和2年に東京の東銀座で創業し、今も営業を続ける「チョウシ屋」は、町の精肉店で売られるラードで揚げたコロッケの元祖といわれている惣菜店です。精肉店にとっては、売れ残った肉やラードを有効利用できるため積極的に販売されて、コロッケは全国的に広まっていったのです。精肉店のコロッケは、安価な値段と揚げたてのおいしさ、そして懐かしさとともに日本人に愛されてきました。

コロッケは、17世紀にルイ14世のシェフによって初めてレシピが紹介されたとも、または18世紀に考案されたともいわれるフランス料理の「クロケット（croquette）」をもとに、日本で独自に発展した料理です。語源は、フランス語でかじって食べる、といった意味の「croquer」。フランスのクロケットは余った煮込み肉の活用法にされたり、フランスの基本的なソースのひとつである牛乳とバター、小麦粉で作るベシャメルソースを具にしていました。後者は日本でいうクリームコロッケで、こちらの方が明治時代に西洋料理とともに先に日本に伝わったと

「チョウシ屋」の元祖コロッケとコッペパンのコロッケサンド。

いわれています。

クロケットはヨーロッパ各地や、フランス、イギリスの植民地だったアジアなどにも伝わりました。現在では、日本をはじめ、つぶしたじゃがいもが具として広く使われています。じゃがいもは、寒冷地ややせた土地でもよく育ち、1年のうちに何度も収穫できる植物です。その上ビタミンB_1を含み、その欠乏症である脚気を防ぐことが知られはじめて、料理に活用されるようになりました。これがじゃがいもを使った料理が広まった理由のひとつであり、航海中の海軍兵の脚気に悩まされていた明治時代の日本の海軍も、イギリス海軍にならってじゃがいものコロッケを食事に取り入れています。

フランスのクロケット

コロッケとクロケットは、具にパン粉をつけ円盤型や俵型に成形して調理した食べ物であることは共通していますが、コロッケのほうは今や海外では日本独自の korokke として、クロケットとはもはや別の食べ物と認識されています。フランスの粒の細かいパン粉は日本のパン粉（panko の名称で海外でも知られている）と食感が違い、クロケットの調理法はヨーロッパでは揚げずにオーブン焼きすることが多いためです。また、日本のようなウスターソースではなく、タルタルソースやトマトソースを添えます。

オムレツ、オムライス

オムレツやオムライスは、卵を使った洋食の代表格です。江戸時代までの日本は肉食が表向きに禁じられていましたが、鶏卵は食用とされ、1795（寛政7）年には『万宝料理秘密箱 卵百珍』という103種の卵料理を掲載した料理書が出版されて評判になりました。欧米人のような立派な体格になるため西洋式食事を積極的に取り入れた明治時代には、たんぱく質の豊富な鶏卵を使ったフランス料理の「オムレット（omelette）」が重要視され、「オムレツ」が作られました。

全卵をほぐして少量の牛乳やクリームを加えてバターや油で薄焼きし、チーズや肉、野菜を折りたたんだフランスのオムレット〝omelette〟は、ラテン語の lamella（薄い板）を語源としています。長い歳月の間に alumelle 、alumette と変化しながら、14世紀もしくは16世紀に料理の名前となり、17世紀ころに今のような綴りになったといわれています。日本のオムレツのように、オムレットに似た卵料理は、イランや中国、タイ、インドなど世界各地で古くから伝えられています。

煉瓦亭のオムライス

フランスのモンサンミッシェル名物のふわふわしたオムレツ。

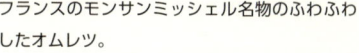

やがて日本では、オムレツにご飯や野菜、きのこなどの具を折りたたんだ、単独で1回の食事になる「オムライス」が誕生しました。この日本独自のオムライスは、1900（明治33）年に銀座「煉瓦亭」で誕生したといわれています。現在よく見られるケチャップライスを包んだオムライスは、大阪の「北極星」が1925（大正14）年に発明したとうたっています。

また海軍では、オムライスが戦艦「大和」の士官向けに作られ、従来のメニューにない裏メニューとして人気があったそうで、艦が割れる（沈没する）というイメージが嫌われて、オムライスにグリンピースを乗せるときはゲン担ぎに必ず奇数個でなければならなかったという逸話が残っています。

ハヤシライス

「上野精養軒」の林さんというシェフ、もしくは「丸善」創業者の早矢仕有的《やしゆうてき》が発明したとも、英語のハッシュドビーフ・ウィズ　ライス（細切れ牛肉のライス添え）が訛ったともいわれる「ハヤシライス」は、薄切りの牛肉とたまねぎ、デミグラスソースの煮込みをライスにかけて食べる、明治時代に登場した日本の洋食の代表格です。ハッシュドビーフとハヤシライスの両方の固形ルーを販売している食品会社のグリコでは、「ハッ

上野精養軒のハヤシライス

シュドビーフとハヤシライスの違いは明確ではありません。一般にハッシュドビーフはデミグラスソースをベースにした大人向きの味、ハヤシライスはトマトソースやトマトケチャップなどをベースにした子どもから大人まで親しみやすい味のイメージがあります」と説明しています。

ドリア

ドリアは、1927年に開業した横浜のホテルニューグランドの初代総料理長としてスイスから来日し、多くの日本人の料理人の育成に貢献したことから「スイス・パパ」と慕われたサリー・ワイルが1930年頃に日本で考案したといわれる料理です。

ワイルは当時のフランス料理界の大御所だったオーギュスト・エスコフィエの料理に深く傾倒しながらも、若いころにヨーロッパ各地で修行した経験から、フランス以外のヨーロッパの郷土料理にも通じていました。そんなワイルの広い料理の見識によって誕生したのが、「シーフード・ドリア」でした。ホテルニューグランドによると、当時はワイルの方針で、メニューに「コック長

オーギュスト・エスコフィエ

サリー・ワイル

はメニュー外のいかなる料理にもご用命に応じます」と記しており、シーフード・ドリアは体調のよくないお客の銀行家の「何かのど越しの良いものを」というリクエストに応じて創作したといいます。バターライスに海老のクリーム煮を乗せ、ホワイトソースにパルミジャーノチーズをかけてオーブンで焼いたこの料理は好評を呼び、今でもホテルニューグランドの名物料理です。ドリアの由来は、イタリア・ジェノバの名門貴族ドリア家のファミリーネームからとったもので、19世紀には美食家でもあったドリア家の名を冠した創作料理を作る料理人がフランスには多かったこと、港町ジェノバのシーフードや、パルミジャーノチーズなどにちなんだのではないかと思われます。

ホテルニューグランドのシーフード・ドリア

横浜港

●食べ放題の「バイキング」は日本固有の名称

ビュッフェとはもともとフランス語でパーティーなどの立食スタイルの食事を意味しますが、商業目的のレストランで大皿料理を自分の皿に好きなだけ取り、着席して食べる「食べ放題」スタイルの食事もビュッフェということがあります。

日本では食べ放題の食事を「バイキング」ともよんでいます。これは、東京の帝国ホテルで初めて導入された日本初のビュッフェ・レストランの名前から、食べ放題そのものを指す名称として定着した、日本固有のものです。

1957年、当時の帝国ホテル社長だった犬丸徹三氏が旅先のデンマークのコペンハーゲンで北欧式ビュッフェ「スモーガスボード」に出会い、好きなものを好きなだけ食べるスタイルに注目して自分のホテルのレストランに採用。スモーガスボードでは覚えにくいので、豪快なイメージを連想させる北欧の海賊になぞられて「バイキング」と銘打ったレストラン「インペリアルバイキング」を翌年オープンさせ、それが「食べ放題」の意味として定着したというわけです。

当時の「インペリアルバイキング」には、シェフが切り分ける肉のローストや、キャビアを乗せた卵料理、ドイツ風ハムの燻製など息を呑むような豪華料理が並び、大卒の初任給が12800円だった時代にランチが1200円、ディナーが1600円と高額だったにもかかわらず、連日行列ができるほどの盛況ぶりだったといいます。

「インペリアルバイキング」は、2004年にはリニューアルされて「インペリアルバイキングサール」として新たな道を歩みはじめました。リニューアル後も、特別なごちそうを好きなだけ食べられるワクワク感に変わりはありません。

また、中華料理からケーキまで、またメニューにある料理を好きなだけ注文できるオーダーバイキングなど、帝国ホテルのレストランからヒントを得たさまざまなバイキングスタイルのレストランが人気を呼びました。

開業当時のメニュー

インペリアルバイキングサール

シェフが切り分ける肉のロースト。

プラスワン情報

各国の正餐になったフランス料理

フランス料理は現在、ヨーロッパをはじめ、日本を含む世界中の多くの国で外交儀礼の際の正餐として採用されています。しかし、16世紀までのフランスは貴族でさえ手づかみでがつがつと食事するような野暮なマナーしかない国でした。

ナイフ・フォークを使った食事など洗練された食事作法が取り入れられたのは、国王アンリ2世のもとにイタリアから嫁いだカトリーヌ・ド・メディシスとその専属料理人がフランス王室にやってきてからのことです。その後、1789年に勃発したフランス革命によって王宮を追われた料理人たちが街に出てレストランを開き、フランス料理は18世紀から19世紀にかけて彼らの活躍でその質がめざましく向上しました。

さらに、フランス料理がヨーロッパで一躍、脚光を浴びる出来事が起こりました。1815年から1816年にかけてオーストリア帝国の首都ウィーンで開催された「ウィーン会議」です。

フランス革命後に軍事独裁政権を樹立したナポレオン・ボナパルトは、ナポレオン戦争によって一時期ヨーロッパ大陸のほとんどを征服しましたが、結局、失敗して失脚。その結果ヨーロッパの国境はズタズタになり、戦後処理を話し合うために、フランスと、ヨーロッパ列強国だったイギリスやロシア、プロイセン、オーストリアらの代表が集ったのがこの国際会議の目的

ウィーン会議

でした。フランスからは外交官シャルル・モーリス・ド・タレーラン・ペリゴールが出席し、会議期間中にしばしばお抱え料理人のアントナン・カレームの手による夕食会を開催して各国の有力者をもてなしました。カレームは貧民街で育ち、パリの菓子店で働いているところを美食家のタレーランに腕を見込まれた人で、その卓越した料理は客人を魅了。「会議は踊る、されど進まず」といわれ、各国の思惑が飛び交いながら1年にもわたって続いたウィーン会議ですが、この宴会戦術を使ったタレーランの巧みな外交によって、フランスは敗戦国の立場だったにもかかわらず、戦勝国に要求を呑ませることができたというエピソードが残っています。カレームはその後、ロシア帝国のアレクサンドル1世やイギリス王室のジョージ4世らの依頼を受けて料理人を務め、フランス料理が西洋料理を代表する存在に導いたのです。

アントナン・カレーム

一方、明治維新以降、安政の五カ国条約などの不平等条約の条約改正を目指して、文明開化で欧米に負けない近代化、西洋化を目指した日本でも、フランス料理が皇室による公式行事の晩餐会の正餐と制定されました。ただし近代天皇制はイギリス王室を手本にしたため、テーブルマナーなどにはイギリス式が採用されています。日本初の西洋料理店は幕末の1863年に長崎で誕生し、旧グラバー邸には西洋料理発祥の碑が建立されています。店のオーナーシェフだった草野丈吉は、オランダ商館に奉公に出ているときに西洋料理を覚えたといわれており、現在旧グラバー亭に展示してある当時のメニューにはフランスと似た料理もあるものの、すべてオランダ語表記になっています。

長崎旧グラバー邸と西洋料理。

1883（明治16）年には、外国からの国賓や外国の外交官を接待するための迎賓館として、外務卿（のちの外務大臣）の井上馨らによって建てられた「鹿鳴館」が完成しました。鹿鳴館は極端な欧化主義を批判されてわずか4年で閉館しましたが、ここで腕を振るったシェフも、オランダ商館で西洋料理を覚えた藤田源吉でした。

一方、1868年には東京・築地に、フランス人シェフ、ルイ・ベギューを総料理長に迎えたフランス料理レストランを擁する「築地ホテル館」が開業。このホテルは1872年に発生した銀座大火で焼けてしまい、わずか4年足らずでなくなってしまいましたが、ルイ・ベギューはのちに神戸に移り、「神戸オリエンタルホテル」の経営者兼シェフとなります。西の神戸オリエンタルホテルは、東の帝国ホテル、横浜のホテルニューグランドと

鹿鳴館

並ぶ、日本のホテルの西洋料理の3大源流のひとつといわれるようになりました。

またこのころから、フランスへ行き大物料理人のもとで修行して帰国する日本人料理人もちらほらと現れました。「築地精養軒」（のちの上野精養軒）の料理長だった西尾益吉、のちに宮内省（のちの宮内庁）の主厨長に就任し1972年に引退するまで50年以上にわたって〝天皇の料理番〟を務めた秋山徳蔵はともに、フランス料理界の重鎮中の重鎮であるオーギュスト・エスコフィエのもとで修行しました。

関東大震災は、外国人居留地だった横浜に壊滅的な打撃を与え、外国人が次々と神戸に移動しましたが、1927年に横浜の再生の願いをこめて肝入りでオープンしたのが、ホテルニューグランドでした。その初代総料理長サリー・ワイルはユダヤの血を引くドイツ系スイス人で、エスコフィエの弟子でありながら、フランス料理以外にもアイスヴァインやハンガリアン・グヤーシュ、ロールキャベツなど、中央ヨーロッパの郷土料理も紹介しました。外国人シェフのもとでたくさんの日本人シェフの弟子が羽ばたいていきましたが、ワイルほど熱心に指導し、しかも晩年は祖国スイスを足掛かりに日本人の料理人修行を受け入れるなど、日本の西洋料理の発展に大きく貢献した人物はいませんでした。

明治、大正、昭和初期の頃の西洋料理やフランス料理は、食材の流通が少ない上に高価であり、食べることができたのは在住外国人や日本の皇族、政治家、上級士官、財閥や良家の子女など特権階級の人々に限られていました。しかし、ワイルの弟子たちのなかには日本各地に自分の店をもつ者もいて、のちの時代にかけて日本の西洋料理のすそ野を広げていったのです。

プラスワン情報

日本人の海外移住者たちが考案した「洋食」

明治時代を迎えて近代化により経済構造が急激に変化していく陰で、農村では余剰な労働力が生まれ、農家の長男以外の男子などが出稼ぎ労働者として海外に移住する現象が起きていました。明治維新の最中である1868年にはすでに集団による日本人の海外移住が始まっていたというから驚きです。

日本人の出稼ぎ先は、明治初期は独立国だったハワイや、アメリカ、ブラジル、ペルーなどで、長い間の日本と現地との往来のなか、両国の食文化をミックスしたような折衷料理が誕生していきました。たとえば、アメリカ軍の糧食であるポークランチョンミートの缶詰スパムをご飯で海苔巻き状にしたハワイの「スパムむすび」がそうした料理の代表格といえます。ペルーでは2000年代に入って、日系人シェフたちによる「コミーダ・ニッケイ」という新しいジャンルのフュージョン料理が誕生しました。横浜港に近いJICA《ジャイカ》横浜内の「海外移住資料館」には、そうした日本人移住者が食べていた料理が展示されています。1934年にブラジルで初版が出版された『実用的なブラジル式料理と製菓の友』（佐藤初江著）からは、遠い異国で現地に溶け込む努力をしながらも、日本人としてのアイデンティティを忘れたくない海外移住者たちの気持ちが伝わってきます。

スパムむすび

日本のフランス料理と西洋料理　歴史年表

年代	できごと
1615年	慶長遣欧使節の支倉常長がフランス南部のサントロペに上陸。日本人による初めてのフランスへの接触となる。
1619年	オランダ東インド会社社員として、フランス人のフランソワ・カロンが来日。フランス人による初の日本訪問となる。
1853年	ペリーの黒船来航。翌年、開国。
1858年	日仏修好通商条約が調印される。
1863年	草野丈吉による日本初の西洋料理レストラン「良林亭」（のちの「自由亭」）が長崎に開業。西洋料理の発祥となる。
1864年	カトリック教会・パリ外国宣教会のベルナール・プティジャン司祭の指導により長崎に大浦天主堂を建造。
1867年	倒幕を目指す薩摩藩らがイギリスに接近したことに対抗して、徳川幕府はフランスと関係強化をはかり、フランス軍事顧問団がこの年、横浜に到着。明治まで大日本帝国陸軍はフランス式軍制を採用（のちにドイツ式に転換）。同年、徳川幕府はパリ万博に出展。日本による初めての万博参加となるが、薩摩藩、佐賀藩は独自に出展。
1868年	フランス人シェフ、ルイ・ベギューによる日本初のフランス料理レストラン「築地ホテル館」が東京築地に開業。
1870年	明治政府がフランス料理を公式な正餐《せいさん》と定める。
1872年	日本語による西洋料理のレシピ本『西洋料理指南』（敬学堂主人著）、『西洋料理通』（仮名垣魯文）が出版される。

1890年	帝国ホテルが開業
1895年	「煉瓦亭」が銀座に開業。のちにとんかつ（ポークカツレツ）やオムライスなどを考案。
1913年	パリのオーギュスト・エスコフィエのもとで修業した秋山徳蔵が帰国し、宮内省（のち宮内庁）の主厨長に就任。「天皇の料理番」として1972年までその職を務める。
1914年	第一次世界大戦が勃発（～1918年）。
1917年	「コロッケー（コロッケ）の唄」が流行。
1923年	関東大震災。横浜が壊滅状態に。
1927年	横浜にホテルニューグランドが開業。総料理長としてサリー・ワイルが来日。本格フランス料理を伝え、新メニューの「シーフード・ドリア」などを考案、アラカルトメニューを採用するなど斬新な改革をおこなったほか、多くの日本人料理人を育てる。
1939年	第二次世界大戦が勃発（～1945年）。
1958年	帝国ホテルに、北欧のスモーガスボードにヒントを得た日本初のビュッフェ・スタイルのレストラン「インペリアルバイキング」が誕生。
1964年	東京オリンピック開催。
1966年	パリの名レストラン「マキシム・ド・パリ」が銀座に開業（2015年に閉店）。
1970年	日本万国博覧会（大阪万博）開催。77カ国が参加。
1979年	パリのレストラン「ル・ブールドネ」の中村勝宏シェフが日本人初のミシュランガイドの1つ星獲得。

1994年	フランスの国家最優秀職人章の資格を持つミシュラン3つ星シェフ、ジョエル・ロブションのプロデュースする「タイユバン・ロブション」が東京恵比寿に開業。
2007年	「ミシュランガイド」東京版が初出版。

現在も営業中の日本の主な老舗フランス料理レストラン

○神戸オリエンタルホテル（神戸）1870年創業
○龍土軒（東京・西麻布）1900年創業
○萬養軒（京都）1904年創業
○シェ・モルチェ（東京・広尾）前身は1907年創業の「中央亭」
○帝国ホテル（東京・日比谷）1923年創業
○レストラン・アラスカ（大阪・北新地）1928年創業
○学士会館（東京・神保町）1928年創業
○エスコフィエ（東京・銀座）1950年創業

現在も営業中の日本の主な老舗西洋料理・洋食レストラン

○上野精養軒（東京・上野）1872年創業。元「築地精養軒」
○日光金谷ホテル（栃木・日光）1873年創業
○冨士屋ホテル（神奈川・箱根）1878年創業
○五島軒（雪月亭）（北海道・函館）1879年創業
○神谷バー（東京・浅草）1880年創業
○むさしや（東京・新橋）1885年創業
○煉瓦亭（東京・銀座）1895年創業
○キャピタル東洋亭（京都）1897年創業。元「東洋亭」
○新宿中村屋（東京・新宿）1901年創業
○黒船亭（東京・上野）1902年創業
○松本楼（東京・日比谷）1903年創業
○小川軒（東京・代官山）1905年創業
○ぽん多本家（東京・御徒町）1905年創業。カツレツ専門店
○グリル冨久屋（京都）1907年創業
○松栄亭（東京・神田）1907年創業
○ランチョン（東京・駿河台）1909年創業
○自由軒（大阪）1910年創業
○小春軒（東京・日本橋）1912年創業

○レストラン吾妻（東京・浅草）1913年創業
○万定フルーツパーラー（東京・本郷）1914年創業
○東京會舘（東京・有楽町）1920年創業
○北極星（大阪）1922年創業。オムライス専門店。元「パンヤの食堂」
○ピーア軒（新潟）1923年創業
○YAMAGATA（東京・銀座）1924年創業
○三笠会館（東京・銀座）1925年創業
○レストラン香味屋（東京・根岸）1925年創業
○明治軒（大阪）1925年創業
○レストランスター（京都）1925年創業
○ホテルニューグランド（横浜）1927年創業
○勝烈庵（横浜）1927年創業。カツレツ専門店
○グリルスイス（東京・銀座）1927年創業。カツカレー発祥店
○学士会館（東京・神田神保町）1928年創業
○資生堂パーラー（東京・銀座）1928年創業
○レストラン銀嶺（長崎）1930年創業
○つばめグリル（東京・品川）1930年創業
○たいめいけん（東京・日本橋）1931年創業

○芳味亭（東京・日本橋）1933年創業
○山守屋（大阪・北新地）1933年創業
○レストラン早川（東京・銀座）1936年創業
○ぱいち（東京・浅草）1936年創業
○菊水（長野・軽井沢）1936年創業
○本町亭（京都）1937年創業
○洋食きむら（横浜）1938年創業
○グリルグランド（東京・浅草）1941年創業
○洋食 キラク（東京・人形町）1946年創業
○グリル マルヨシ（大阪・阿倍野）1946年創業
○銀座みかわや（東京・銀座）1948年創業
○はり重グリル（大阪・道頓堀《どうとんぼり》）1948年創業
○ブルドッグ（東京・大井町）1949年創業
○ヨシカミ（東京・浅草）1951年創業

大日本帝国海軍から広まった「洋食」

イギリス料理

旧海軍がイギリスの兵式・食事を採用

日本で西洋料理が洋食として大衆化して広まった大きな要因のひとつは、明治時代の、日本帝国海軍の存在でした。1870（明治3）年に帝国海軍の兵式をイギリス式とすることが決定され、食事にもイギリス式を採用、カレーライスやビーフシチューなどのメニューが登場するようになったのです。

海軍は国策として、西洋基準の兵器や艦艇を運用し、日本人に西洋人並みの体格や体力をつけさせるため、また深刻な問題となっていたビタミン欠乏症「脚気《かっけ》」を防ぐために栄養を考慮した和洋折衷の「洋食」を取り入れました。海軍在籍中に洋食の味を覚えた兵士たちは、日本全国に日常食としての洋食を普及させる役割を果たしたのです。

当時の海軍には「脚気」で命を落とす兵士が非常に多くいました。そこで、1872（明治5）年に海軍医となったイギリス帰りの高木兼寛《かねひろ》は、脚気の原因は食事にあると考え、従来の白米をやめて洋食と麦飯の献立に改善したところ、脚気はほとんど消滅しました。今では脚気がビタミンB_1の欠乏から起こる病気だと判明していますが、当時は原因不明であり、陸軍では軍医が細菌を原因と考えて白米中心の食事を止めさせなかったため、脚気による死亡者を減らすことができませんでした。

他に陸軍と海軍の食事の違いとしては、輪番で各中隊から食事当番を出す陸軍に対して、海軍は炊事専門兵制度を取り調理場も完備していたため、海軍の食事の方がおいしいと一般的にいわれてきました。第二次世界大戦後も美食の伝統は受け継がれ、日本全国にある旧海軍および海上自衛隊にゆかりのある港町では、旧海軍の食事を再現した「海軍グルメ」が町おこしの起爆剤として活用されています。

舞鶴赤れんがパーク内に展示された「海軍と洋食」についての解説。

●横須賀の「カレー」

旧大日本帝国海軍は、天然の良港だった横須賀（神奈川）、佐世保（長崎）、呉《くれ》（広島）、舞鶴（京都）の4カ所に鎮守府、大湊《おおみなと》（青森）に警備府という根拠地を置いていました。それらの町は、日本の近代化を推し進めた海防の砦となる軍港都市として発展を遂げていきました。鎮守府は4カ所がまとまって日本遺産に登録され、100年を超えた今もなお現役で稼働する施設が多く残されています。

鎮守府、警備府のあった港町では今、海軍ゆかりの食べ物をご当地グルメとしてアピールしていますが、ここではその先駆けとなった横須賀の「カレー」を取り上げます。

イギリスのカレーは、明治時代にイギリスの植民地だったインドの香辛料を使ってイギリス人が発明したシチュー料理です。イギリス人に好まれた牛肉、じゃがいも、にんじん、たまねぎを使ったシチューに、日持ちのする香辛料を用い、長い航海時でも食べられるようイギリス海軍が採用したメニューでした。そのため、インドのカレーとは成り立ちからしてまったく違うものであり、またインド移民が増えて食の交流が行われるようになった現在のイギリスでも一般的なレシピではありません。日本海軍では当初、イギリス海軍にならってカレーをパンに付けて食べていました。しかし日本人にはなじみにくく、ルーに小麦粉をさらに加えてとろみをつけ、ご飯にかけて食べるようにしたところしっくりいったので、海軍の軍隊食「ライスカレー（カレーライス）」として定着しました。

日本海軍が1908（明治41）年に発行した『海

横須賀港にある、戦艦三笠を復元して展示されている「記念艦 三笠」と、その前に建てられている海軍司令官だった東郷平八郎の像。

軍割烹術参考書』によると、ライスカレーの作り方は、ざっとこんな感じです。

まず、ヘット（牛脂）をひいたフライパンで小麦粉をいため、きつね色になったらカレー粉を加えます。そこにスープを徐々に加えてとろみを出し、牛肉または鶏肉の細《こま》切り、サイコロ状に切ったじゃがいも、にんじん、たまねぎを加えて煮込み、塩で味を付けます。じゃがいもは、たまねぎとにんじんがほぼ煮えてから入れます。麦をまぜて硬めに炊いておいたご飯を皿に盛り、そのご飯の脇にカレー汁をかけて出来上がりです。

海軍のカレーは各地の海軍本拠地にも伝えられましたが、首都・東京にもっとも近い海の国防の町として栄えてきた横須賀からの伝播力はひときわ大きいものだったようです。ライスカレーは、故郷に帰った兵士が家庭に持ち込んだことで全国に広がっていきました。そして、この海軍のライスカレーが日本のカレーの原点になったのです。海軍のカレーの伝統は海上自衛隊に引き継がれ、海上自衛隊では今も金曜日にカレーを食べる習わしがあります。

海上自衛隊のライスカレーには、牛乳と野菜サラダ、ゆで卵等が副食として一緒に提供される流儀があります。現在、横須賀の飲食店で提供されている「横須賀海軍カレー」も、この流儀を踏襲しています。

横須賀魚藍亭《ぎょらんてい》オリジナルレシピの横須賀海軍カレー。

プラスワン情報

各地の海軍カレー商品

海軍カレーといえば横須賀がもっとも知名度が高いですが、他にも大日本帝国海軍の軍港のあった舞鶴や呉、佐世保などでもカレーを「ご当地グルメ」として広くアピールしています。

最も人気のある商品のひとつは、レトルトパックにした海軍カレー。いろいろなメーカーやレストランがさまざまなパッケージで販売しており、おみやげ店などにうず高く積まれています。しかし、差別化をはかるためか、呉では、肉じゃがと組み合わせた「肉じゃがカレー」や、肉じゃがカレーコロッケ、肉じゃがとカレー味のポテトチップといった新商品を開発したりと、売り手も工夫しています。

また、地元のベーカリーや大手パンメーカーによる「海軍カレーパン」といったアレンジ商品も発売されています。

おみやげ店で売らていれる海軍カレーのレトルト商品。

●舞鶴の「肉じゃが」

舞鶴では、1999（平成11）年頃に始まった横須賀の海軍カレーブームよりも早い1995（平成7）年頃から、「肉じゃが」で町おこしを始めていました。肉じゃがは昭和40年代に家庭料理のテレビ番組で広まったその名称が定着していますが、もともとは「甘煮」「煮込み」「牛肉ト野菜ノ煮込」などと呼ばれた海軍の料理でした。そして、原型はイギリスの「ビーフシチュー」だといわれています。

海軍では、長い洋上生活で曜日の感覚がわからなくなるのを防ぐため、曜日ごとに決まったメニューを出すようにしていました。それには、ビーフシチューとほぼ同じ材料で味つけを変えただけで作れるカレーや肉じゃがは重宝していたのです。

舞鶴港

日本海に面するリアス海岸に囲まれた舞鶴は、伝統的な漁港である西舞鶴と、街のできた明治時代から海軍とともに歩んできた東舞鶴に分かれて発展してきた街です。東舞鶴は、今では海上自衛隊の本拠地として軍艦が停泊し、自衛隊関係者が多く暮らす一方、日曜・祝日に一般公開をおこなっている海軍記念館や、舞鶴鎮守府初代司令長官だった東郷平八郎が2年間を過ごした官邸が今もきれいに保存されています。

肉じゃがの誕生したきっかけも、まさに東郷によるものだと伝わっています。7年間イギリスに留学して国際法などを学んで帰国した東郷が、イギリスで食べて味が忘れられなかったビーフシチューを栄養価の高い海軍食として提案し、海軍の料理長に命じて再現させたのが起源だといわれています。ビーフシチューの材料であるワインやバターのほか、イギリスと同じ調味料が入手困難だったため、日本にあった醤油、砂糖、ごま油で味付けをしたのですが、それはそれでおいしく、お気に召されたという逸話が残っています。

舞鶴市の海上自衛隊第四術科学校に残されている『海軍厨業管理教科書』。

舞鶴が肉じゃが発祥の地として名乗りを上げている根拠は、海上自衛隊給養（調理）の教育訓練をおこなっている舞鶴の海上自衛隊第四術科学校に、大正から昭和初期にかけて書かれた海軍の料理教科書『海軍厨業管理教科書』が唯一保存されていた点です。この教科書には「甘煮」として肉じゃがの作り方が掲載されていました。

海軍とともに歩んできた舞鶴市では、海軍ゆかりの「肉じゃが」を町おこしの一環として活用し、市内で肉じゃがの食べられる16軒のレストラン、食堂を網羅した肉じゃがマップを配布しています。

これらの肉じゃがのアレンジは比較的自由なようで、単独で食事のおかずにする店のほか、どんぶりにしたり、オムライスと組み合わせたり、肉じゃがをそのままコロッケにして、パンにはさんでハンバーガーやホットドックに仕立てたりといった変わり種を提供する店も。また市内では「まいづる肉じゃがまつり実行委員会」が結成され、肉じゃがを全面に展開するお祭りも開催されています。

しかし、同じく海軍の鎮守府だった広島の呉も、東郷が参謀役として赴任していたことから肉じゃがの発祥地として名乗りを上げ、両街は論争を繰り広げながら同じ鎮守府の街として交流を深めているといいます。

舞鶴肉じゃがと「まいづる肉じゃがマップ」。

さて、舞鶴で発見された『海軍厨業管理教科書』に掲載された「甘煮」の作り方は、鍋を火をかけてごま油を入れ、小口切りの牛肉、砂糖、醤油を入れて炒め、水切りしたこんにゃく、4つ割にしたじゃがいも、くし形に切ったたまねぎを入れて、合計30分ほど煮込むというものでした。おいしく、作り方の容易な肉じゃがは、今では日本の家庭料理として浸透しました。関西圏の舞鶴や呉では海軍のレシピと同じ牛肉を使いますが、関東圏ではより身近で安価な豚肉の肉じゃがが主流になっています。肉じゃがの誕生からすでに100年が経過し、国内でも地方色が現れているのがおもしろいところです。

舞鶴の肉じゃが丼

一方、『海軍割烹術参考書』には「シチュードビーフ」という名称の料理も掲載されており、それによると、ごま油は牛脂、醤油と砂糖の代わりにトマトソースを使っています。トマトソースはなかったら用いなくてもよく、カレーと同様に最初に小麦粉を加えてとろみをつける方法が紹介されていますが、ワインとバターは登場しないので、こちらも日本で作れるものにアレンジしている可能性があります。

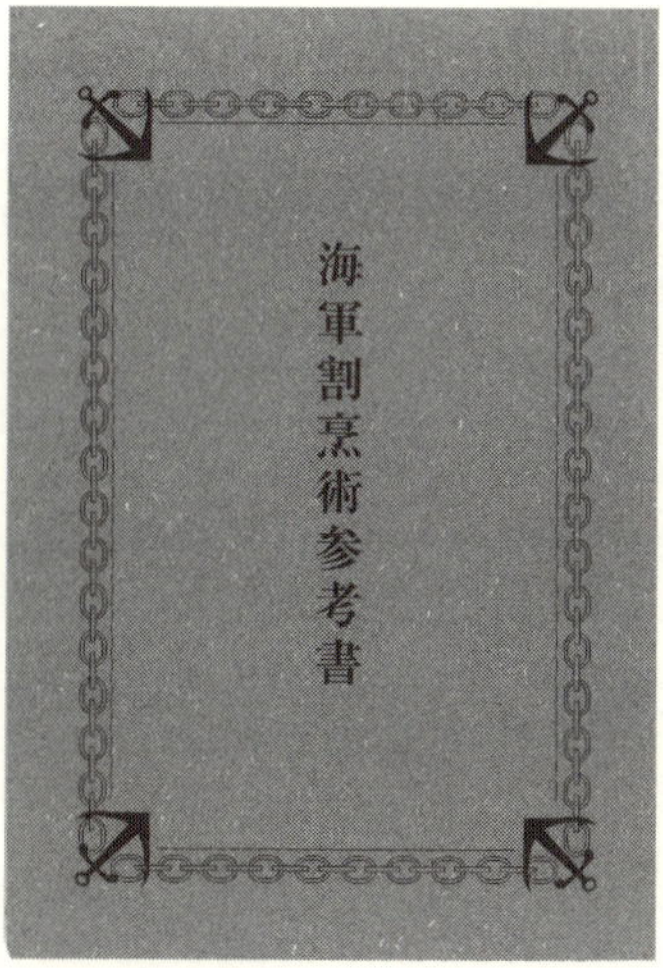

2007年に舞鶴市が発行した現代語訳の『海軍割烹術参考書』。

舞鶴赤れんがパークに展示されたシチュードビーフの説明。

日本の食肉産業の発展に寄与したイギリス

日本が国際的地位の向上と不平等条約を改正していくことをめざして、急速な西洋の近代化を推し進めた明治時代。福澤諭吉が『文明論之概略』（1875年）の中で〝civilization〟の訳語として用いた「文明開化」を旗印に、欧米人より劣っていた体格を改善するため、食生活では肉食が奨励されました。とくに牛肉を食べることは文明開化の象徴と考えられ、当時の風俗を風刺した仮名《かな》垣魯文《がきろぶん》の『安愚楽鍋《あぐらなべ》』（1871年）でも牛鍋屋が舞台として登場します。

日本の食肉産業、ひいては牛肉産業の発展に深く寄与したのは、イギリス人でした。カレーや肉じゃがにも牛肉が使われているように、イギリス人と牛肉は昔から切っても切り離せない関係にあります（→P97）。1868年1月1日（慶応3年12月7日）に開港した神戸港にやってきた外国人の中で、日本の牛肉に最初に目を付けたのもイギリス人だったのです。

西洋人の食生活に欠かせない肉も、当時の日本では手に入りにくい状態でした。関西では昔から役牛による農耕が盛んだったため牛自体はたくさんおり、そこで農家の作業等に飼育されていた但馬牛を屠畜。これを食べたイギリス人がその味を絶賛し、のちに世界的名声を博す「神戸ビーフ」が誕生しました。

神戸ビーフは、現在では基準が決められていますが、昔は兵庫の牛だけでなく、海外に輸出するために神戸港に運ばれた近江牛も神戸ビーフと呼ばれていました。

日本では縄文時代から牛の家畜化が始まり、奈良時代には肉食禁止令が敷かれましたが、実は明治にいたるまで牛肉は密かに食べられていました。なかでも彦根藩は、牛の屠殺と牛肉生産を唯一、江戸幕府から公認されており、彦根藩士の花木伝右衛門が、一説には「牛肉味噌漬」をもとにした「反本丸《へんぽんがん》」という滋養強壮の養生薬を作っていました。反本丸はのちに、「近江牛」という独自ブランドにもつながります。

神戸牛、松阪牛（または近江牛）と並ぶ日本の三大和牛のひとつといわれる山形の米沢牛も、明治時代に教師として米沢を訪れたイギリス人のチャールス・ヘンリー・ダラスからその名声が広まりました。ダラスはもともと農耕用に飼われていた牛の肉のおいしさに感動。任期を終えて横浜に戻る際におみやげに連れ帰った一頭の牛の肉をイギリス人仲間に食べさせたところ、大好評だったという話が残っています。

プラスワン情報

なぜイギリス人は牛肉をたくさん食べるのか

明治時代に日本がお手本とした欧米の大国のなかでも、牛肉に縁の深い国といえばイギリスです。イギリスのジンのブランド名にもなっている「ビーフィーター（牛食い、Beefeater）」は、ロンドン塔の衛兵隊（ヨーマン・ウォーダーズ）の通称ですが、その由来は、17世紀に国王主催のパーティーの後、ヨーマン・ウォーダーズが残った牛肉の持ち帰りを許されたためという説があります。

ビーフィーター

イギリス人には15世紀のヘンリー7世の治世時代から、とくに貴族の間で、日曜日の午後に、屠殺した牛でローストビーフを焼く「サンデーロースト」という習慣がありました。もともとは昔のキリスト教の金曜日からの肉断食が終わった後のごちそうで、イングランド北部のヨークシャーが発祥といわれていることから、ヨークシャープディングという、シュークリームの皮のような付け合わせが伝統的に添えられます。イギリスには今でもこの習慣が残り、日曜日の午後にロースト料理の特別メニューを出すパブやレストランがたくさんあります。

サンデーローストで大量に余って冷たくなったローストビーフは、サンドイッチやビーフシチュー、ハッシュドビーフなどに使ってその週の食事になりました。「イギリス料理はまずい」といわれるようになった原因には、ローストビーフばかりで単調だと思われたからだという説もあるくらいです。

ローストビーフは今では、日本でもおせち料理をはじめ、豪華さを出す祝宴の席に欠かせない食べ物として定着しています。

サンデーロースト

日本のイギリス料理　歴史年表

年代	できごと
1600年	オランダ船リーフデ号が豊後国（大分県）に漂着し、乗組員だったイギリス人航海士ウィリアム・アダムスが三浦按針として、徳川家康の外交顧問となる。
1613年	イギリス東インド会社の貿易船クローブ号がイギリス船として初めて日本に来航。指揮官のジョン・セーリスがイギリス国王ジェームズ1世の国書を徳川家康に奉呈。正式な国交が始まるが、イギリスとオランダの関係が悪化したことで1623年に断交。
1854年	前年にペリーの黒船が来航。開国にあたり、日英和親条約が調印される。
1858年	日英修好通商条約が調印される。
1870年	大日本帝国海軍（日本海軍）が成立し、イギリス海軍を模範とした組織整備を進める。脚気の予防のため、イギリス海軍の食事を採用。カレーや肉じゃが（ビーフシチュー）、コロッケなどが採用される。これらはのちに洋食として一般大衆に広まる。
1872年	岩倉使節団が英国訪問。英国の多くの知識を日本に持ち帰る。英国のロイター通信社が日本に初の支局を開設。
1902年	ロンドンで日英同盟が調印される。
1914年	第一次世界大戦が勃発（～1918年）。日本は日英同盟を理由として参戦。
1923年	日英米仏の四カ国条約により、日英同盟が廃止に。
1939年	第二次世界大戦が勃発（～1945年）。英国が対戦国となる。

1951年	サンフランシスコ条約締結。翌年発効。日英関係正常化へ。
1966年	日本初のブリティッシュパブ「カーディナル」が銀座に開業。
1975年	エリザベス2世がイギリス国王（女王）として初の訪日。
2013年	日本初のフィッシュ&チップス専門店「MALINS」が六本木に開業。

ロシア正教とともに函館に伝わった「洋食」

ロシア料理

●近くて遠い国、日本とロシアの初めての出会い

函館は、１８５８（安政５）年の日米通商友好条約により、横浜、長崎とともに日本で最初の貿易港となった街です。欧米文化の影響を直接受けたため、各国の様式を備えた教会や旧領事館・石畳の坂道といった街並みが、今も異国的な雰囲気を漂わせています。

諸外国のなかでも函館ともっとも深い交流があったのは、地理的にも近いロシアでした。函館は現在、ロシアのウラジオストクと姉妹都市関係にありますが、これも両都市の長い交流の歴史から提携されたものでした。

函館とロシアの交流の歴史は、１７９２（寛政４）年に、ロシア帝国の軍人アダム・ラクスマンが、女帝エカチェリーナ2世の命により、シベリアのイルクーツクに漂着していた3人の日本人の送還と、通商交渉を求めた信書を手にして根室に到着したことから始まりました。ラクスマンの乗った船は当初、出島のあった長崎で通商交渉を行うよう幕府より命じられましたが、結局、長崎には行かずに箱館（函館）に入港し、ロシアに帰っていきます。これが函館に外国船が停泊した最初の出来事でした。

日露和親条約が締結された後、函館にはロシア領事館が置かれ、政治経済、海軍、科学、医療な

函館

ど幅広い専門スタッフをそろえて、ロシア船の入港も急激に増加しました。ロシア人が増えたことで、1859（安政5）年には日本で初めて、キリスト教の一派であるロシア正教会の聖堂が建立されました。

函館に伝わったロシア正教会は、1861年にロシア領事館づきの司祭として来日したニコライ・カサートキン（亜使徒大主教・聖ニコライ）による、ロシア正教会と教義を同じくする「日本正教会（日本ハリストス正教会）」の創建へと発展しました。

亜使徒大主教・聖ニコライ

函館ハリストス正教会の聖堂は、1907（明治40）年に函館大火によって全焼しましたが、1916（大正5）年に再建されました。この日本最古の正教会の教会のひとつである函館ハリストス正教会の「主《しゅ》の復活聖堂」は重要文化財に指定され、今なお函館の街のランドマークになっています。

函館のロシア料理

宗教と食は切っても切りはなせないものですが、正教会の日本人信徒が増えるにつれて、ロシアから伝わった料理が函館に根づいていきます。

正教会には、キリストの身体とされるパンのほか、乳製品や肉製品などを避ける復活大祭前の大斎《おおものいみ》をはじめ、さまざまな宗教的な食の戒律があります。ロシアから来た司祭や同伴者のロシア人は、教会内の厨房でそうした宗教的な食習慣をふまえたロシア料理を日本人信徒に伝授しました。信者たちのなかにはその技術を生かして、食品店やレストランを開業する者もいました。その代表格が、函館で今も営業を続ける五島軒（雪河亭）です。

五島軒は、1879年に創業された函館きっての老舗西洋料理レストラン。長崎県の五島列島出身のシェフ五島英吉と一緒に、初代経営者の若山惣太郎がロシア料理、パン、ケーキの店を開業したのが始まりとされています。

函館ハリストス正教会

五島軒では、メインとなるカレーやフランス料理をはじめとする西洋料理のほか、今でもボルシチやピロシキ、シャシリクなどのロシア料理や、ロシア菓子を提供しています。

五島軒の店構え

五島軒のロシア料理（ビーフストロガノフとビーツのサラダ）。

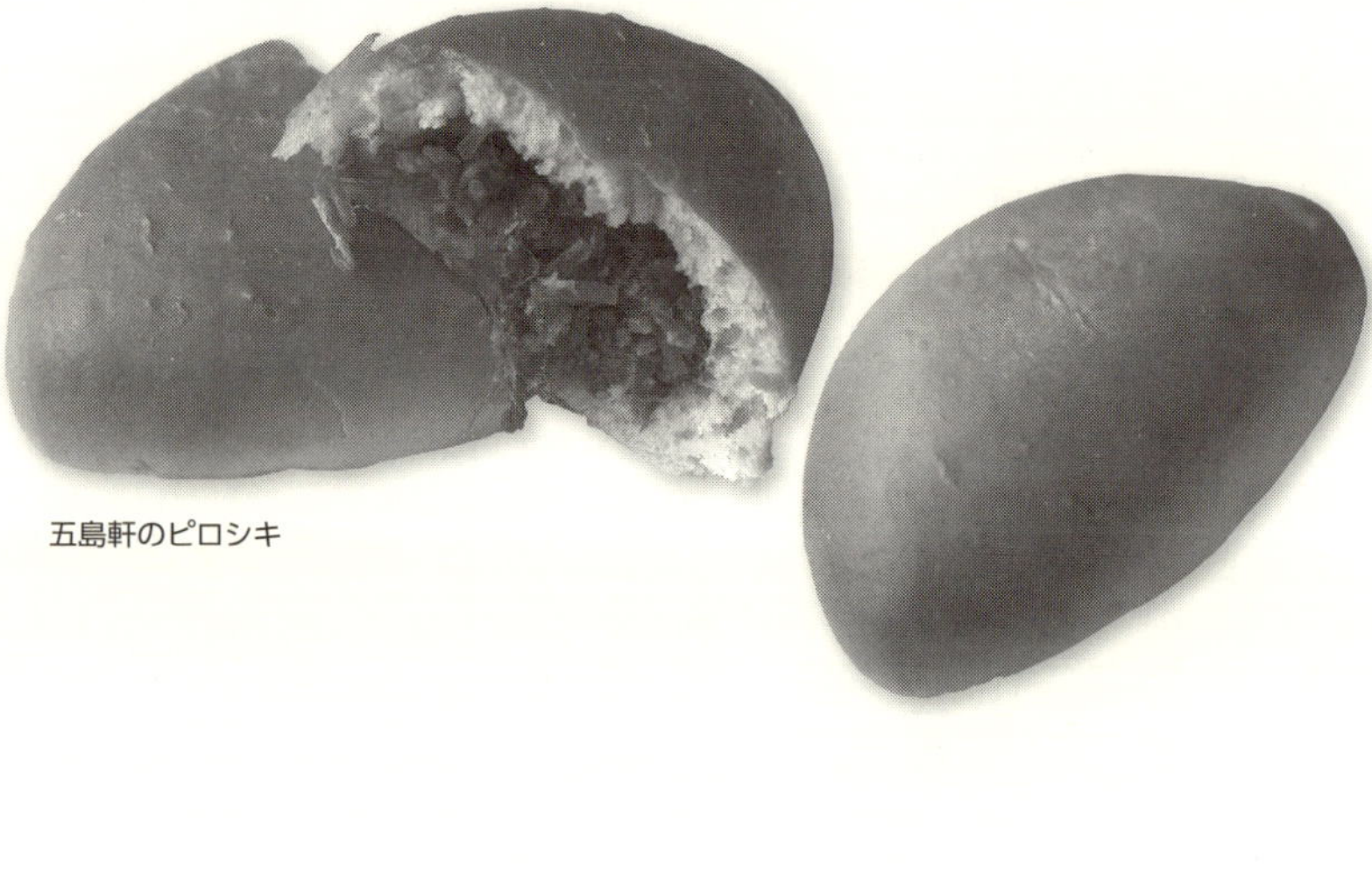

五島軒のピロシキ

プラスワン情報

函館ハリストス正教会と五島軒

日本正教会の最古の教会のひとつ函館ハリストス正教会は、函館では「ガンガン寺」という別称で親しまれてきました。それは、1907（明治40）年に全焼してしまった最初の聖堂ができたときに、5個の鐘を楽器のように鳴らしたことから名づけられた名称でした。

函館ハリストス正教会の司祭を20年間務めた著者による『函館ガンガン寺物語』（厨川勇 著・北海道新聞社）によると、函館に伝わったロシア料理を今も提供する西洋料理レストラン五島軒の成り立ちと、函館ハリストス正教会には、深い関係があることがわかります。市内の函館山のすそ野近くには、五島軒、ハリストス正教会のほかに、ロシア極東連邦総合大学函館校や旧ロシア領事館などが集まり、ロシアの面影が今も残っています。

五島軒の初代料理長である五島英吉は、本名を宗近治《そうきんじ》といい、五島列島・福江の百石取りの武士の出身で、長崎の中国語の通訳でした。幕府に雇われて所属の艦船に乗っていたところ、函館で戊辰戦争に巻き込まれ、賊軍の一兵となってしまったのでした。函館湾内の小舟の中で負傷しているところを助けられ、もう一人の敗残兵と共にロシア領事館からハリストス正教会のニコライ神父のもとに匿われて、神父への恩に報いるため10年間、教会の中で生活していました。

宗近治は、ニコライ神父が東京復活大聖堂（ニコライ堂）の建立のために上京した後は、新任のアナトリィ神父の侍者となり、アナトリィ神父の身辺の世話をしながら、趣味でロシア料理やロシア菓子、ロシアパンなどの作り方を神父の同伴者であるロシア人から習っていました。そして、腕を上げて代役を務めるまでになりました。また宗近治はハリストス正教会の洗礼を受け、信徒となっています。

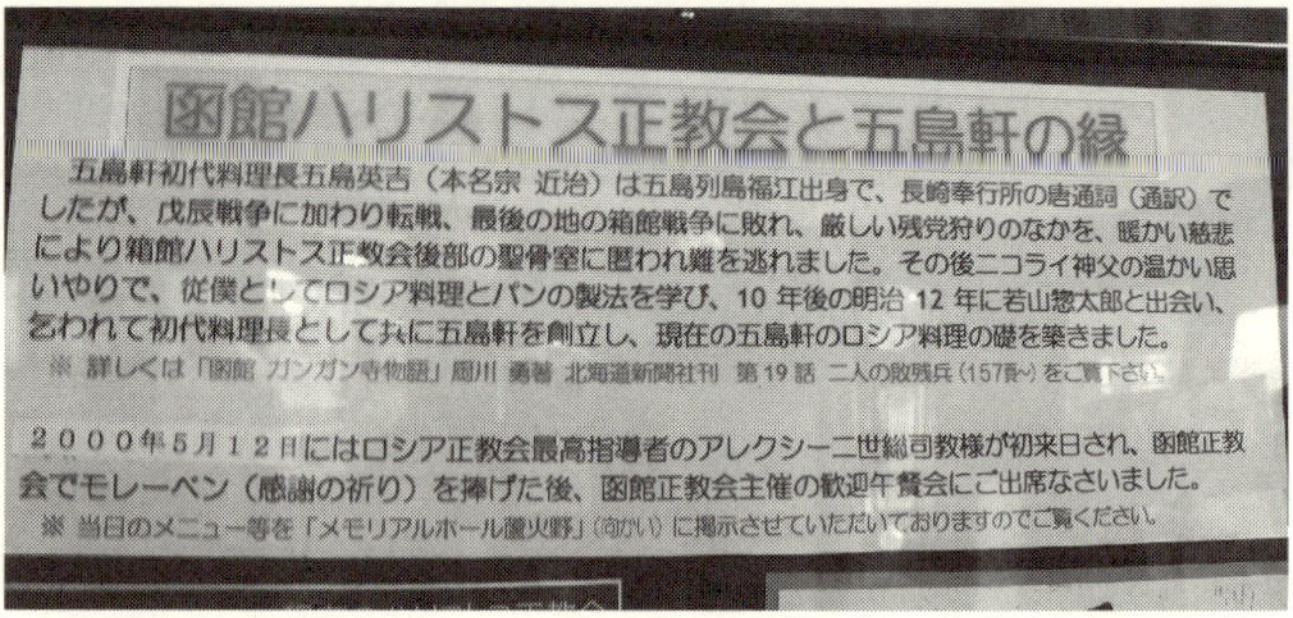
函館ハリストス正教会と五島軒の縁
五島軒初代料理長五島英吉（本名宗 近治）は五島列島福江出身で、長崎奉行所の唐通詞（通訳）でしたが、戊辰戦争に加わり転戦、最後の地の箱館戦争に敗れ、厳しい残党狩りのなかを、暖かい慈悲により箱館ハリストス正教会後部の聖骨室に匿われ難を逃れました。その後ニコライ神父の温かい思いやりで、従僕としてロシア料理とパンの製法を学び、10 年後の明治 12 年に若山惣太郎と出会い、乞われて初代料理長として共に五島軒を創立し、現在の五島軒のロシア料理の礎を築きました。
※ 詳しくは「函館 ガンガン寺物語」厨川 勇著 北海道新聞社刊 第 19 話 二人の敗残兵（157頁～）をご覧下さい。
２０００年５月１２日にはロシア正教会最高指導者のアレクシー二世総司教様が初来日され、函館正教会でモレーベン（感謝の祈り）を捧げた後、函館正教会主催の歓迎午餐会にご出席なさいました。
※ 当日のメニュー等を「メモリアルホール蓬火野」（向かい）に掲示させていただいておりますのでご覧ください。
五島軒館内に展示された函館ハリストス正教会との縁。

10年後に宗近治はハリストス正教会を出ることを決心し、出身地の名を取って五島英吉と改名。親しくしていた日本人の信徒仲間の紹介で、若山惣太郎と出会います。若山は武蔵国・鴻巣で代々医業を営んでいた家の出身で、米相場の失敗から再起を期して発展著しい函館にやってきた人物でした。五島に関心を示しており、まだ誰も手を付けていない分野ということでロシア料理、ロシア菓子などの料理人として紹介された五島を料理長とするレストランの開業を思いつきました。屋号は料理長の名前を取って「五島軒」。

この事業は成功し、1890（明治23）年に老齢に差しかかった五島が温暖な地を求めて横浜に去った後も、料理人を後継者に受け継いで、今も昔のままのロシア料理をランチでも手ごろなセット価格で提供しています。

また、五島軒で修業したコックが新たに函館に店舗を開いたこともありました。大正時代には「鞍馬軒《くらまけん》」「ライオン」といったレストランがロシア料理を提供していましたが、これらは残念ながら第二次世界大戦前に廃業しています。

●函館のロシア料理レストラン史

函館には、ロシア人が初めて日本に居留した幕末の頃からロシア料理が伝わり、ロシア人やロシア人の血を引く日本人の経営する飲食店が存在していました。

函館港が開かれて各国の領事館が置かれた時代には、イギリス領事が奉行や各国領事、ロシア海軍士官等を招いてロシア式の正餐会を開いていました。ロシア式というのは、寒さが厳しいロシアで一度に料理を出すと冷めてしまうため、料理を一品ずつ順序立てて供するスタイル。今日ではフランス料理をはじめとするコース料理のサービス方法の主流になっています。

日本で最初のロシア料理レストランは、明治初期から1879（明治12）年まで函館にあったロシア人ピョートル・アレクセーエヴィチ・アレクセーエフ夫妻の経営による「ロシアホテル」だといわれています。このレストランでは、当時は畜肉が手に入りにくかったため、自ら牛や豚を飼育して食材にしていました。また日本人のコックを雇っており、ここで修行したあとにパン屋を開業した者もいたといいます。

ロシア革命が起きた1917年以降には、ロシア人が数千人単位で日本に亡命してきました。亡命ロシア人の大半はウラジオストクから定期航路で福井県の敦賀に渡ったといいますが、函館にも大勢やってきました。そこでまたロシア料理店が増え、ロシア人経営による喫茶店「ヴェルガ」や、カムチャッカから来たプシューエワ母娘が営むロシア食堂「オスモロフスキィ」が開業、また市内のいたるところにロシア人のパン売りがいたといわれています。

近年では、1980年にロシア人の祖母から教わったレシピでロシア料理を提供する吉田和子さんのお店「カチューシャ」がオープンし、2000年代初頭まで営業を続けていました。

現在は、日本ウクライナ文化交流協会の北海道支部長でもある北見伸子さんのお店「まるたま小屋」で、本場ウクライナ（ロシア）式のオーブンで焼いたピロシキや、本格的なボルシチを食べることができます。

●東京で広まったソ連時代のロシア料理

函館から入った正教会の影響のほかに、ロシア料理が日本で広まった理由として挙げられるのは、第二次世界大戦後の1950年代に、旧満州からの引揚者たちがロシア料理レストランをオープンさせたことです。ロシアに接した満州では、ロシア料理がよく食べられていたのです。東京にある「ロゴスキー」や「スンガリー」（歌手、加藤登紀子さんの両親が開業。京都に支店「キエフ」もあり）は、今でも営業を続けるそうしたロシア料理レストランの老舗。とくに「ロゴスキー」の初代料理長・長屋美代さんは、日本独自の春雨入りのピロシキを考案しました。このピロシキは、レシピを記した著作『ロシア料理』（1970年）やこの本のレシピを使った料理講習を通して全国に伝えられていきました。

また、1950年代に日本の都市部で流行した「うたごえ喫茶」や「うたごえ酒場」も、ロシア文化を日本に伝えた要因のひとつといえます。「うたごえ喫茶」「うたごえ酒場」は、集団就職で単身東京に移住してきた若者たちの心の拠り所として、うたごえ運動に発展。うたごえ運動は、ソ連の共産主義もしくは社会主義思想の標語である「万国の労働者よ、団結せよ！」を旗印に、「歌ってマルクス、踊ってレーニン」というキャッチコピーで、1960年代からの学生運動へとつながります。

「うたごえ喫茶」「うたごえ酒場」では革命歌や労働歌、平和の歌のほか、ソ連への憧れから〝カチューシャ〟や〝ともしび〟といったロシア民謡が歌われ、ピロシキやロシアの漬物アグレッツ、ウォッカなどのロシアの料理やお酒のメニューを用意する店もありました。新宿で1951年から今も営業を続ける「どん底」（店名はロシアの作家マクシム・ゴーリキーの戯曲より）は、三島由紀夫をはじめ多くの著名人が通い、現在は創業当時の建物を活かした居酒屋ですが、今もロシア料理のメニューが残る、そうした昔のよすがに浸ることのできる店のひとつです。

●日本に根づいたロシア料理

ボルシチ

ボルシチはウクライナが発祥といわれるロシア料理の定番です。ウクライナ、ロシアのほかにポーランドやベラルーシ、ルーマニア、リトアニアなどでも類似した料理が食べられています。ロシアでは

ロシアのボルシチ

通常、キャベツやにんじん、たまねぎ、じゃがいも、肉や魚の具にビーツ（テーブルビート、火焔菜の根）を煮込み、サワークリーム（スメタナ）を添えたスープをボルシチと呼びますが、地方ごと家庭ごとにさまざまなレシピがあり、イタドリ（スカンポ）を使った緑のボルシチや、ライ麦を使った白いボルシチ、夏向けの冷たいボルシチのほか、ビーツを使わずに酸味を出したスープもボルシチと呼ばれることがあります。ボルシチはロシアや東欧では宗教にも結びついていて、ウクライナやポーランドではクリスマスイブに欠かせない料理です。その際は宗教的な理由から肉やサワークリームを使わず、代わりに魚を使うことがあります。また、カトリックの四旬節（正教会の大斎《おおものいみ》）の時期にも同様なボルシチを食べます。

新宿中村屋のボルシチ

日本では、東京の新宿中村屋が、1927年に2大看板メニューとして純印度式カリーとともに売り出したのがボルシチの始まりだといわれています。ウクライナ生まれの盲目の詩人ワシリー・エロシェンコの提案による新宿中村屋のボルシチは、キャベツや肉（牛肉）、じゃがいもなどの具はロシアと一緒でも、日本人にあまりなじみのなかったビーツが入らず、トマトのみで赤い色を出していました。今でも新宿中村屋のボルシチにはビーツが入っていません。以後、日本人の好みが定められて、トマトがベースになった、ビーツがまったく入らないか、少量のみというボルシチが国内市場の主流を占めています。

一方、ロシア正教会がルーツの函館の「五島軒」や、東京などに店舗をもつ「ロゴスキー」「スンガリー」といった、満州から引き揚げてきた日本人が開いたロシア料理レストランでは、ビーツの入ったボルシチにこだわって提供してきました。日本でのロシア料理の普及に貢献した店のひとつである「ロゴスキー」では、トマトベースを〝いなか風〟、ビーツベースを〝ウクライナ風〟として2種類のボルシチを提供しています。

ピロシキ

酵母や卵を加えた小麦粉の生地に具を詰めたピロシキは、ロシアではパイの一種と考えられています。一般的には、牛肉、たまご、または正教会の肉断食の時期のためにじゃがいも、たまねぎ、きのこ、キャベツなどの野菜、サケのような魚などさまざまな具の種類があり、ジャムやりんご、アプリコットなどのフルーツ、カッテージチーズなどを詰めたものもピロシキと呼びます。サイズはハンバーガーを少し小さくしたくらいのものから、スープの付け合

ロシア式ピロシキ

わせにする小ぶりなものまでさまざまですが、通常はオーブン焼きにして食べます。東欧諸国やイラン、チンゴルなどにもピロシキに似た食べ物が伝わっています。

一方、日本で独自に発展したピロシキは、パン粉をつけて油で揚げたものが主流。これはカレーパンの原型になったともいわれており、ロシアの「ベリャーシ」という別の食べ物に似ています。

・日本のピロシキいろいろ

函館：オーブン焼きのロシア式が主流。函館ハリストス正教会近くのロシア料理店「まるたま小屋」では、〝焼きピロシキ〟の名称で販売されている。エゾ鹿肉入りピロシキも。

東京：春雨入り（「ロゴスキー」が元祖）。パン粉を付けないで揚げる。

東京：浅草に古くからあるしぐれ煮風の具（ロシア料理店「ストロバヤ」が販売）。

神戸：ひき肉、たまねぎと、ゆで卵入り。パン粉を付けないで揚げる。

日本のピロシキ

ビーフストロガノフ

16世紀半ばにロシア貴族・ストロガノフ家の家庭から誕生したといわれるビーフストロガノフは、牛肉にサワークリーム（スメタナ）を加えてソテーした料理。ビーフはフランス語のブフ（牛肉）に由来します。さまざまなバリエーションがあり、たまねぎやきのこを加えることもあります。ロシアではポテトを添えたり、パスタの上にかけて食べます。

ビーフストロガノフは、ロシア帝国の崩壊後から第二次世界大戦前にかけてソ連と中国が密接な関係にあったなか、「俄式牛柳絲《オーシーニュウリュウスー》」などの名称で中国のホテル、レストランのメニューとして広まりました。1950年代後半には香港に伝わり、パスタの代わりにご飯を添え、サワークリームを入れないで食べるようになりました。

日本では、香港と同様に米食文化の影響か、もしくはカレーの固形ルーと同様なスタイルで商品化されたためか、白米またはバターとパセリを混ぜたライ

ロシアのビーフストロガノフ

日本のビーフストロガノフ

スを添えるスタイルが定着しています。また日本人好みの風味として、ソースにコクを出すために醤油を少し加えるレシピも広まりました。

ポテトサラダ（オリヴィエサラダ）

ゆでたじゃがいもにゆで卵やきゅうりなどを加え、マヨネーズで和えた「ポテトサラダ」の起源には諸説ありますが、その源流は１８６０年代にモスクワのレストラン「エルミタージュ」にいたベルギー人シェフ、ルシアン・オリヴィエが発明した「オリヴィエサラダ」だともいわれています。オリヴィエのオリジナルレシピを「エルミタージュ」のスーシェフ（シェフの次の位のシェフ）のひとりだったロシア人イヴァン・イワノフが盗み、そのやや劣化したレシピを複数の出版社に売ったことで世界中に広まったというのです。

オリヴィエサラダはロシアサラダ（ロシアンサラダ）とも呼ばれ、ロシアはもちろん、東欧をはじめとするヨーロッパ諸国やイラン、パキスタン、モンゴル、またヨーロッパから移民が渡ったアメリカなど世界中に伝わり、さまざまなバリエーションが誕生しました。ロシアではもともとサワークリームで和えていましたが、ソビエト連邦時代に労働者向けの安価な食材が使われるようになってからマヨネーズに切り替わりました。アメリカでは、１９００年頃にマヨネーズが製品として製造・販売されるようになって以来、オリヴィエサラダことポテトサラダが、より身近な食べ物となりました。

日本ではキユーピーマヨネーズの創始者である中島董一郎《なかしまとういちろう》が、1915年に渡航したアメリカで出会ったポテトサラダに使われていたマヨネーズのおいしさ、栄養価の高さに魅了されて1919年に会社を設立。1925年に国産初のマヨネーズを売り出したという逸話が残っています。

現在、ロシアのオリヴィエサラダのポピュラーな具材は、じゃがいも、鶏むね肉、固ゆで卵、きゅうり、にんじん、きゅうりのピクルスで、これらを塩こしょうで味付けしてからマヨネーズを和えて作ります。黒オリーブなどを飾り付けたり、ハムやソーセージ、りんごを加えることもあります。

一方、日本のポテトサラダは、きゅうりのピクルスを使うことはまれで、地方によってマヨネーズにソースや醤油を混ぜたり、みかんを加えたり、ご飯に乗せてどんぶりのように食べたりするレシピがあります。

ロシアのオリヴィエサラダ

日本のポテトサラダ

日本のロシア料理　歴史年表

年号	できごと
1739年	下田に元文の黒船来航。江戸幕府「おろしや」（ロシア）という国の存在を確認。
1853年	浦賀にペリー来航。翌1854年に日米和親条約が締結され開国。
1855年	日本とロシア帝国が日露和親条約に調印し、外交関係を樹立（日露修好通商条約は1858年）。
1858年	函館にロシア領事館開設。
1861年	日本への伝道を決意した聖ニコライが函館に来日、のちに日本正教会を創建。
1871年	横浜にロシア政府代表部が開設（1875年東京に移転、のちに大使館となる）。
1879年	函館に日本人シェフによる初めてのロシア料理を提供するレストラン「五島軒」が開業。
1904年	日露戦争勃発。翌年終結するも、日本人の対ロシア感情が悪化。
1914年	第一次世界大戦勃発（～1918年）。
1917年	ロシア革命が起き、ロシア帝国が終焉を迎える。
1922年	ソビエト社会主義共和国連邦（ソ連）樹立。
1931年	ロシア革命時に亡命したロシア人フョードル・ドミトリエヴィチ・モロゾフ一家が神戸で「神戸モロゾフ製菓」を設立。のちに「コスモポリタン製菓」としてロシア菓子やチョコレートを販売（2006年閉店）。
1939年	第二次世界大戦が勃発（～1945年）。
1950年代	旧満州からの引揚者が日本各地にロシア料理レストランを開業。 東京など都市部で「うたごえ喫茶」「うたごえ酒場」が流行。
1991年	ソ連崩壊。

2000年代～現在	訪日ロシア人が増加。ロシア人スタッフによるロシア料理レストラン、バーなどが各地で開業。
2012年	S&B食品が「世界の食卓から」シリーズとしてボルシチ、ストロガノフのルーを販売開始。

現在も営業中の日本の主な老舗ロシア料理レストラン（またはロシア料理を提供している店）

○五島軒（北海道・函館）1879年創業
○新宿中村屋（東京・新宿）1901年創業。ボルシチを提供し始めたのは1927年
○サモワール（東京・世田谷。2017年渋谷から移転）1950年創業
○ロゴスキー（東京・銀座。2015年渋谷から移転）1951年創業
○バラライカ（神戸）1951年創業
○スンガリー（東京・新宿）1957年創業
○ハルビン（長崎）1959年創業
○ツンドラ（福岡）1960年創業
○サラファン（東京・神保町。ニコライ堂近く）1966年創業
○ソーニャ（東京・小石川。2002年上池台から移転）1966年創業
○浅草マノス（東京・浅草）1969年創業
○ボナ・フェスタ（東京・浅草）1969年創業。フランス風高級ロシア料理
○キエフ（京都）1971年創業。「スンガリー」系列。
○チャイカ（東京・高田馬場）1972年創業
○石ノ花（東京・新宿歌舞伎町）1973年創業。ロシアバー
○トロイカ（岩手・北上）1973年創業
○サモヴァール（静岡・浜松）1974年創業
○露西亜亭（神奈川・鎌倉）1977年創業
○ストロバヤ（東京・浅草）1977年創業。しぐれ煮風な浅草ピロシキが名物

スパゲッティ・ミートソースは新潟から

イタリア料理

リポーターとして新潟のグルメ番組を10年近く担当した柳生直子さんが書かれ、1999年に出版された『新潟はイタリアだ　躍る食材テンコ盛り』という本があります。この本では、新潟は食材が豊富で海の幸、山の幸に恵まれたところがイタリアのようだ、という観点から新潟の食について綴られているのですが、実際に新潟はスパゲッティ・ミートソースの発祥地であり、「イタリアン」なるご当地グルメまであるので、新潟=イタリア説はまんざら誇張でもなさそうなのです。ここでは新潟とイタリア料理の関係について述べてみます。

明治時代の新潟に日本初のイタリア料理レストランが創業

日本における西洋料理は、横浜や神戸、長崎といった外国人が多くハイカラな街から生まれるイメージがありますが、1858年に締結された日米修好通商条約により開港した5

開港のころの面影を残す、新潟市歴史博物館みなとぴあ。

港には、上記3都市のほか、函館と新潟が含まれていました。新潟は、日本有数の大河川である信濃川と阿賀野川が流れ、日本海の物流の要衝であり、東京と大陸を結ぶ最も短い中継地でもあったからです。新潟周辺に貿易を必要とする人が少なかったため横浜や神戸のように栄えなかったものの、新潟では日本初のイタリア料理レストランが創業されます。ただし、それはまったく偶然の成り行きによるものでした。

今も新潟で営業を続ける「イタリア軒」（現在は「ホテル・イタリア軒」）は、1874（明治7）年にフランスの曲芸団とともに来日したイタリア・トリノ出身の若者ピエトロ・ミリオーレ（新潟ではミオラと呼ばれた）が、シェフとして1881年に開業した店です。「イタリア軒」は日本最古の西洋料理店のひとつともいわれています。

ミリオーレは大けがを負って曲芸団から置き去りにされ、それに同情した日本人支援者のもと、心得のあった料理で身を立てたといういきさつがあります。「イタリア軒」の名物は、創業以来受け継がれているスパゲッティ・ミートソース。本国のラグー・アッラ・ボロネーゼにならってミートソースをパスタに和えたスタイルで提供されています。また現在はレトルトの

現在のホテル・イタリア軒

ミートソースも販売。ミリオーレは日本人女性と結婚し、着物を着こなすなどしておよそ30年間、日本の生活に溶け込んで暮らしていましたが、晩年は故郷イタリアに帰国して、その生涯を閉じたといわれています。

イタリアのラグー・アッラ・ボロネーゼは、トマトペーストと牛ひき肉、たまねぎなどの野菜、赤ワインなどを煮込んだソースに（幅広の平たいパスタ）のタリアテッレを和えて食べることが多いのですが、イタリア軒のスパゲティ・ミートソースは1・7ミリメートル程度の太さのスパゲッティにソースを和えています。現在では日本のスパゲッティ・ミートソースはソースをパスタに和えず、上にかけて食べるのが一般的ですが、これは同じく老舗である銀座「煉瓦亭」や宝塚の「アモーレ・アベーラ」のスタイルを踏襲して根づいたものかもし

ミリオーレのミートソースのレトルト商品

イタリア軒のスパゲッティ・ミートソース

れません。

新潟には、「イタリア軒」で修行して独立し、自分の店を構えたシェフもいます。1923年に開業した老舗洋食レストラン「ピーア軒」の先代もそのひとりで、メニューにはスパゲッティ・ミートソースが今も名を連ねています。また新潟市内にはミートソースのメニューだけという専門店（ミートソースさとう）もあります。

さて、そんな新潟において、興味深いご当地B級グルメがあります。その名も「イタリアン」という、1959年頃に新潟市内の甘味喫茶「みかづき」のオーナー経営者が考案した焼きそば麺にトマトベースの具入りソースをかけたもので、考案者は「イタリアンスパゲティのイメージを取り入れ、フォークを使って食べるスタイル」を思いついたとのこと。これもスパゲッティが古くから根づいていた新潟ならではの料理といえるかもしれません。

新潟ご当地グルメのイタリアン

●国産のマカロニとスパゲッティ

日本に初めてパスタが持ち込まれたのは、幕末の横浜の外国人居留地。その後、1883（明治16）年に長崎でフランス人宣教師のマリク・マリ・ド・ロ神父がマカロニを製造したのが最初といわれています。日本人による国産マカロニの第一号は、1908（明治41）年に、新潟市に近い加茂で製麺業を営んでいた石附吉治が、横浜の貿易商からマカロニの製造を頼まれたことから誕生しました。石附氏とその子息が苦労の末、独自に発明したマカロニ製造機で製造を開始したマカロニは、当時「穴あきうどん」という名称で市場に出回り、アメリカなど海外にも輸出されたといわれています。

地元産コシヒカリの米粉マカロニを使った加茂市の「マカロニチップス」。

1980年代にマカロニを大量生産できる機械がイタリアから輸入されると、日本製粉をはじめとする国内の大手製粉会社がマカロニの製造を始め、加茂市のマカロニ製造は縮小しましたが、現在は「国産マカロニ製造発祥の地」として、加茂市ではマカロニを使った新名物料理の開発などを行って、観光資源化に取り組んでいます。

一方、国産スパゲッティの第一号は、1928年に兵庫県尼崎市にあった高橋マカロニが製造した「ボルカノ」というスパゲッティでした。「ボルカノ」は現在、日本製麻株式会社（富山県砺波市）が製造しています。富山の自然水と厳選した小麦粉にこだわったもっちりとした太麺は根強い人気があり、横浜の「センターグリル」（↓P128）をはじめ、全国のレストランでも使用されています。

●日本人による日本人好みのイタリア料理

新潟に限らず、こんにち日本で最も親しまれている各国料理のひとつは、イタリア料理ではないでしょうか。スパゲッティとピザがその主なメニューであり、小麦粉を主体に安価においしく食べられ、しかも作り方次第で調理にあまり手間がかからないことが、飲食業の業態としても重宝さ

「ボルカノ」スパゲッティ

れたのだと推測できます。

イタリア料理は、１９７０年代のピザチェーン「シェーキーズ」の日本進出に代表されるようなアメリカ発のイタリア料理に始まり、１９８０年代の「イタメシブーム」以降、爆発的に広まりました。現在ではさらに進化を遂げて、差別化を図るためにトスカーナやシチリア、ピエモンテといったイタリアの地方色を活かした各州の郷土料理専門店もかなり増えてきました。現地に修行にいく日本人シェフも珍しくなくなり、おそらくイタリア本国で食べるのと比べてもほぼ遜色ない味を日本で楽しめるはずです。

そうした「現地直送」の味とは別路線で、日本人はイタリア料理が初めて日本に紹介された明治初期以来、イタリア料理を日本人好みにあつらえて独自の〝イタリア風洋食〟を生み出してきました。その代表格が「ナポリタン」や「たらこスパゲッティ」であり、近年も日本の食材を活かした日本人による新しいイタリア料理を誕生させているのです。

●日本オリジナルのイタリア料理

ナポリタン

スパゲッティをたまねぎやピーマン、ハムなどと一緒にトマトケチャップで炒めたナポリタンは、日本で誕生した〝イタリア風洋食〟の代表格といえるでしょう。よくいわれるように、本場イタリアのナポリにはナポリタンに該当する料理はなく、日本の創作料理です。

ナポリには、トマトソースとにんにく、たまねぎ、オリーブオイル、バジルやオレガノなどのハーブ類で作る「サルサ・アラ・ナポレターナ」というソースがあります。これは１６９０年代にイタリア人シェフ、アントニオ・ラティーニによってナポリで出版された、トマトを使った初めての料理本で紹介されたレシピ。ラティーニは「スペイン風トマトソース」と称していましたが、現在ではナポリピッツァによく使われる「マリナーラソース」の名称の方が通りがよいかもしれません。日本の明石焼を当地では単に玉子焼きと呼ぶように、ナポリ以外の人々がナポレターナの名を付けてよんでいたものだと思われます。

トマトは16世紀に原産地のアメリカ大陸からスペイン経由でヨーロッパに伝わった野菜ですが、しばらくは有毒な植物だと信じられ、もっぱら観賞用とされてきました。イタリア統一前のナポリ（ナポリ王国）は、13世紀からスペイン、フランス系の王朝に入れ替わり支配された歴史を持ち、それゆえスペインからトマトが早いうちに伝わったのです。

サルサ・アラ・ナポレターナをからめたスパゲッティを「スパゲッティ・アラ・ナポレターナ」と呼びますが、野菜だけを使った、当時は貧しい人々の食べ物でした。一方、このトマトソースにサルシッチャ（イタリアのソーセージ）などの肉類を加えてパスタと和えることもあるようで、こちらの方が日本のナポリタンにやや近い感じです。

しかしいずれにしても、伝統的なイタリア料理にトマトケチャップを使ったり、ゆでたスパゲッティを油で炒めるレシピはまずありません。

ヨーロッパにおけるトマトソースを使った料理の本場ということで、ナポリ＝トマトソースのイメージがイタリア、フランスなどヨーロッパの料理人の間で定着し、世界に広まったことは容易に想像できます。現在、トマトソースにもっともふさわしい品種のひとつといわれる「サンマルツァーノ」も、1926年にナポリ近郊で誕生したトマトでした。

さて、日本のナポリタンに目を移すと、その原型の考案者は、戦後GHQに接収されていた横浜のホテルニューグランドの総料理長だった入江茂忠だといわれています。ただし、彼の作ったナポリタンは、トマトソースを使ったナポリのスパゲッティ・アラ・ナポレターナに近いものでした。今でもホテルニューグランドで提供されているナポリタンにはトマトソースが使われています。

サンマルツァーノトマト

一方、米軍の配給品であったスパゲッティは、イタリアのような硬質のデュラム小麦を粗挽きしたセモリナ粉ではなく軟質なものだったので、コシはありませんでした。それが、のちの昭和30年代頃から喫茶店などの定番メニューとして日本中に爆発的に広まったナポリタンの特徴にもなりました。

このホテルニューグランドのナポリタンをもっと庶民的にアレンジしたのが、1946年に横浜市内で創業し今も営業を続ける「センターグリル」初代店主の石橋豊吉です。彼は入江シェフと同様に、ホテルニューグランドの初代総料理長で日本の西洋料理の普及に多大な貢献をしたサリー・ワイルの弟子の一人でした。ニューグランドの裏手にあり、ワイルがオーナーシェフを務めていた今はなきセンターホテルの厨房出身で、洋食店を開くにあたって名称の一部を譲り受けたのでした。

「センターグリル」のナポリタンは、1928年に発売された初の国産スパゲッティである太麺の「ボルカノ」(↓P124)をゆでて一晩寝かせてから、トマトケチャップ、ピーマン、たまねぎなどの野菜、ロースハムを加えて油で炒め、パルメザンチーズをかけるという、現在の日本のナポリタンの姿そのものです。中国の炒麺《チャオメン》のように麺を油で炒める調理法はいかにも東洋的で、日本人にも受け入れられやすかったのでしょう。

「ボルカノ」スパゲッティを使ったボリュームたっぷりな「センターグリル」（横浜）のナポリタン。

和風スパゲッティ

中国の影響を受けてきた日本では、麺料理は昔からなじみ深いもので、ピッツァ（ピザ）よりもスパゲッティの方が早くから受け入られてきました。ナポリタンとは別の方向で、日本ならではの具材を使った和風スパゲッティも誕生しています。

その代表格は「たらこスパゲッティ」。1960年代に渋谷のスパゲッティ専門店「壁の穴」で考案されました。要望に応じてお客が持ち込んだキャビアを使ったスパゲッティを作ってみたら好評だったので、安価なたらこでメニュー化したのが始まりといわれています。たらこの代わりに明太子を使ったレシピも広まりました。魚卵を加えるスパゲッティは世界的にも稀有で、刻んだ海苔やしそなど日本独自の食材のトッピングも他にない味わいであり、今や海外でも知られる存在になっています。

「壁の穴」渋谷本店の元祖たらこスパゲッティ

プラスワン情報

アメリカから普及したトマトケチャップ

ケチャップは、17世紀の中国福建省にあった魚醤の一種「鮭汁」の厦門《アモイ》訛りのkê-chiapを語源とするもので、それがマレー半島に伝わり、マレー半島にいたイギリス人の入植者が本国やアメリカに持ち込んだ調味料でした。現在ではケチャップ＝トマトケチャップですが、当時のイギリスではきのこを主原料にしたケチャップが主流。トマトケチャップはアメリカで発明され、当時はアンチョビを加えるなどさまざまなレシピがありました。砂糖を加えた甘い味が定着したのは19世紀になってからで、1876年にハインツが商品化して現在のトマトケチャップが広く普及したのです。

日本では、1903（明治36）年、横浜で清水屋トマトケチャップが発売されたのが最初。しかしこの会社はすぐに廃業し、その後1908年にカゴメの創業者である蟹江一太郎が大々的にトマトケチャップを売り出して成功しました。当時のトマトは品種改良が進んでおらず、甘みが少なく食味もよくなかったため、一般に生食が嫌われていました。しかし、トマトの加工品であるケチャップは、ウスターソースとともに洋食に欠かせないソースとして日本人の間にも定着していきました。

ケチャップといえば欠かせない料理がナポリタンですが、日本人の生活水準が向上するにつれて、一時期、衰退した時代がありました。しかし、2013年頃から懐かしい味を見直され、新たにナポリタン専門店ができるほど人気を集めています。近年は海外でも日本のナポリタンが知られるようになりましたが、その綴りはしばしば「Naporitan」と、ナポリ（Napoli）とは一見、結びつかない名称で紹介されています。もはや日本独自の料理として定着した証ともいえそうです。

●日本におけるピッツァ（ピザ）の変遷

新石器時代から似た食べ物があったものの、現代のようなピッツァが発明されたのは19世紀初頭のナポリだといわれています。現在ではピッツァはイタリア中で食べられていますが、それぞれに地域色があって、よくいわれるのは南部の方が生地が厚めで、北部は生地が薄いという特色があります。どちらかというとナポリやシチリアなど南部で浸透してきた食べ物です。ちなみに日本では、ピッツァ＝イタリア、ピザはアメリカから伝わった同様の食べ物として区別されるきらいがあります。

日本に初めてピッツァをもたらしたのは、イタリア海軍東洋艦隊旗艦の総料理長だったシチリア出身のアントニオ・カンチェーミだったといわれています。第二次世界大戦中の１９４４年に船の故障で偶然、神戸に停泊することになり、そのときに在日外国人にピッツァをはじめとする本格的なイタリア料理を振る舞いました。カンチェーミは連合国側から一時姫路の捕虜収容所に入れられたあと、戦後も帰国を断念して日本にとどまり、東京の青山に今もあるレストラン「アントニオ」をオープンさせました。また、カンチェーミとともに日本人姉妹と結婚して義兄弟になったアベーラ・オラツィが兵庫県宝塚市に１９４６年に開業したレストラン「アベーラ」（のちの「アモーレ・アベーラ」）でも、初期のころからピッツァをメニューに加えていました。

また、四角いピッツアもイタリア発祥のようです。イタリア海軍の潜水艦では四角い型で焼くシシリアのスフィンチョーネというピッツァを採用しており、潜水艦のコックからピッツァを習った横浜本牧の「イタリアガーデン」や六本木の「シシリア」といった老舗イタリア料理店では、今も四角いピッツァを提供しています。一方、大量調理が必要なビュッフェなどでも、大きな四角いピッツァをカットして提供することがあります。

しかし、最初に日本で普及したのは、分厚い生地に具がたっぷり乗ったアメリカナイズされた「ピザ」の方でした。『東京アンダーワールド』（ロバート・ホワイティング著）の主人公で、戦後、東京のマフィア・ボスと呼ばれて夜の六本木を支配したといわれるイタリア系アメリカ人ニコラ・ザペッティが1954年に開いたピザハウス「ニコラス」を先駆けにして、アメリカから輸入された冷凍ピザの普及、アメリカのピザチェーン「シェーキーズ」の日本進出などを経てピザが広まり、「ピザトースト」「ピザパイ」「ピザまん」など日本独自のピザ商品が考案されたのです。

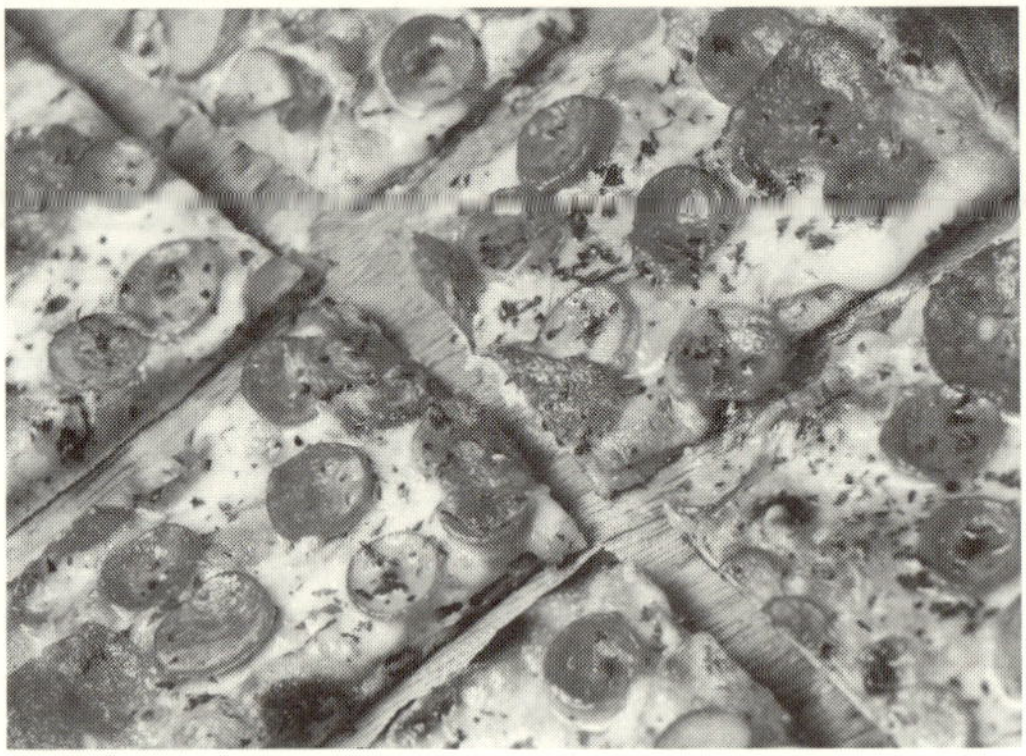
四角いピッツァ

1980年代には、バブル景気によって外食産業が拡大し、空前の「イタメシ」ブームが到来。1990～2000年代には、ナポリから取り寄せた窯で焼くナポリピッツァがブームとなり、ナポリに修行にいく日本人シェフも増え、本場さながらのピッツァが食べられるようになりました。

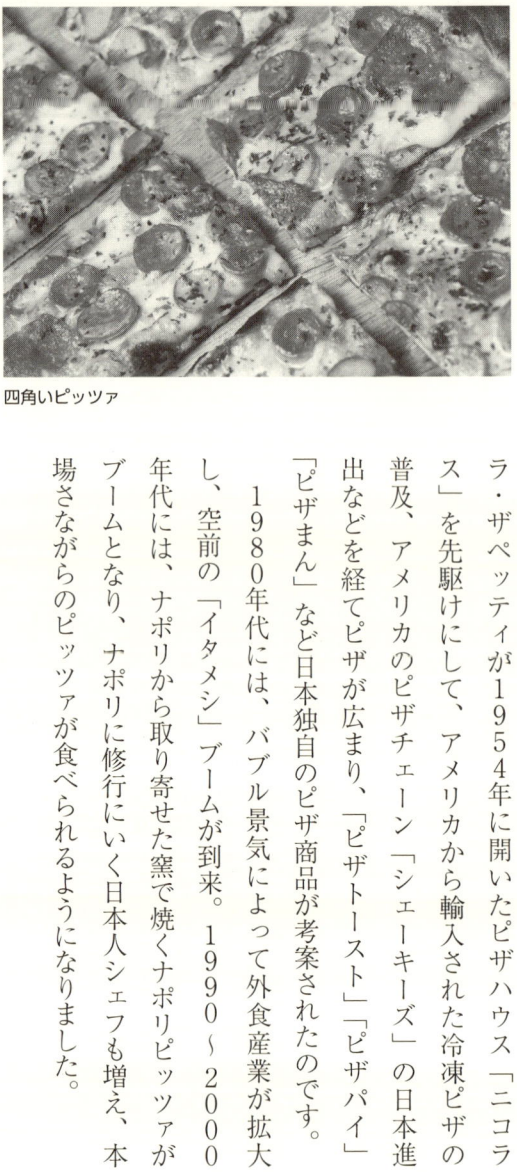

プラスワン情報

イタリアの日本食ブーム

２０１５年にイタリアのミラノで開催されたミラノ国際博覧会（ミラノ万博）あたりを契機に、イタリアでは空前の日本食ブームが巻き起こっています。「地球に食料を、生命にエネルギーを」をテーマとしたミラノ万博の終盤には、日本の食を広く紹介した日本館に地元イタリア人が10時間も並ぶほどの人気を博しました。

私は幸い、万博がスタートしたばかりのすいている頃に日本館を見学し、イタリア人の反応を見ることができました。日本館では、日本人が「共存する多様性」をテーマに、自然と共生する多様な農林水産業を礎にしてきたこと。また米を主食とし、うま味や発酵技術を活用しつつ、魚介類や野菜などさまざまな「食」を享受し、自然の叡智を謙虚に取り入れながら高度な伝統工芸技術・職人技を食器や調理器具、食空間にまで発展させ、豊かな「食文化」を築き上げてきたことが、ハイテクを使いながら美しく展示されていました。

もともと小さな王国がまとまってできた豊かで多様な風土の中で食文化を育んできたイタリア人。イタリアは、日本と同様、健康に関心の高い長寿国家でもあり、きっとそんな日本への共感がイタリア人の心に響いたのではないかと思っています。

イタリアでは現在、納豆（ただし、においは抑えた製品）や、日本のしらたきを乾燥させた「ゼンパスタ」という名の、小麦粉を使わないヘルシーなパスタなどが販売され、人気を集めています。とくに

便利な乾燥パスタ「ゼンパスタ」

後者は、ダイエット食品として日本に逆輸入されるほどになりました。

ミラノ万博の日本館の外観

日本館の展示

日本のイタリア料理　歴史年表

年代	できごと
1866年	日伊修好通商条約が締結。
1881年	新潟にイタリア人シェフ、ピエトロ・ミリオーレによる日本初のイタリア料理レストラン「イタリア軒」が開業。スパゲッティ・ミートソースなどを紹介。
1908年	新潟・加茂で日本初のマカロニが製造される。
1928年	日本初の国産スパゲッティ「ボルカノ」が、兵庫県尼崎市の高橋マカロニによって製造・販売される。
1940年	日独伊三国同盟が締結。
1946年	1944年に創業した東京の「アントニオ」の創業者の義兄弟であるシチリア出身のオラッツィオ・アベーラによるイタリア料理レストラン「アモーレ・アベーラ」が兵庫県宝塚市に開業。当時としては珍しいピッツア（ピザ）を提供。
1954年	東京・飯倉片町にイタリア系アメリカ人ニコラ・ザペッティによる日本初のピザハウス「ニコラス」が開業し、人気を得る。
1950年代	高度成長期時代に突入し、喫茶店ブームが到来。横浜のホテルニューグランドの厨房から原型が誕生したといわれる「ナポリタン」が喫茶店メニューとして全国的に広まる。
1960年	東京・飯倉片町に日本人による本格イタリア料理店「キャンティ」が開業。ワゴンに乗せられたたくさんの種類の前菜やデザートを説明を受けて選ぶなどの斬新なスタイルが、流行の最先端を追う若者に人気。
1960年代	渋谷のスパゲッティ専門店「壁の穴」で日本オリジナルの「たらこスパゲッティ」が考案される。
1970年代	喫茶店のメニューとして日本独自の「ピザトースト」「ピザパイ」が普及。

1980〜90年代	バブル景気により外食産業が拡大し、イタメシブームが起こる。
1985年	「宅配ピザ」のドミノ・ピザ日本1号店が東京・恵比寿にオープン。
2000年代	イタリア帰りの日本人シェフによるレストランが人気を集める。「東京イタリアン」と呼ばれるような、日本の食材を使ったイタリア料理が誕生。本場の窯で焼く「ナポリピッツァ」ブームが到来。
2000年〜現在	爆発的に増えたイタリア料理店が差別化をはかるため、イタリアの地方ごとの郷土料理専門レストランが登場。
2013年〜	ナポリタンが見直され、再ブーム。

現在も営業中の日本の主な老舗イタリア料理レストラン

○イタリア軒（新潟）1881年創業
○アントニオ（東京・南青山）1944年創業
○アベーテ（兵庫・宝塚）1946年創業。現「アモーレ・アベーテ」
○ドンナロイヤ（神戸）1952年創業
○イタリー軒（東京・銀座）1953年創業
○壁の穴（東京・渋谷）1953年創業。日本初のスパゲッティ専門店。中央区から移転。支店あり
○シシリア（東京・六本木）1954年創業。銀座に支店あり
○ニコラス（東京・六本木）1954年創業。アメリカ系ピザハウス。支店あり
○キャンティ（東京・飯倉片町）1960年創業。西麻布などに支店あり
○ピノッキオ（神戸）1962年創業
○モナリザン（神奈川・川崎）1964年創業

捕虜が日本人に伝えた職人の技術

ドイツ料理

●日本にやってきた5000人近いドイツ兵捕虜たち

現在の日本で、ドイツ料理として真っ先に浮かぶのが「ソーセージ」です。日本に本格的なソーセージの製法が伝わったのは、1914年に勃発した第一次世界大戦時における日独戦争がきっかけでした。ドイツの租借地だった中国の青島で繰り広げられたこの戦争に多勢に無勢で勝利した日本には、およそ4700人のドイツおよびオーストリア＝ハンガリー兵捕虜たちが日本の収容所に送られました。そのなかにいたソーセージやハム、パン、ビール、ワインなどの製造職人だった捕虜たちが、それらの技術を日本に伝えたのです。

当時、日本国内には12カ所のドイツ兵捕虜収容所が設けられ、やがて習志野（千葉）、板東（徳島）、名古屋（愛知）、久留米（福岡）、青野原（兵庫）、似島《にのしま》（広島）の6カ所に集結されて、1920年まで捕虜たちはそこで暮らしていました。

日本は国際法を遵守して捕虜たちを丁重に扱い、収容所内で生活の自由を認めていました。そのため、彼らは食品の製造とその技術の伝達のほか、オーケストラや演劇、スポーツなどの文化活動も行ったりしていました。第一次世界大戦時、日本は戦場になることもなく平和的な環境であったことから、ドイツ兵捕虜と日本人の地域住民たちとの交流があり、板東では地元の人々に「ドイツさん」と呼ばれて親しまれていたといいます。捕虜たちも、彼らの立場に同情する心優しき松江豊寿《まつえとよひさ》所長に親愛の情を寄せ、戦時下で敵国同士でありながらも友好的な関係にありました。

ドイツソーセージで町おこしをする習志野（千葉）

戦時下にしては幸福な面を持っていたドイツ兵捕虜収容所のあった町のなかには、町の歴史として今でも捕虜たちが残していったドイツの面影を伝承するところが少なくありません。

なかでも千葉県の習志野では、習志野商工会議所が中心になって、ドイツ国内でソーセージ職人の経験があったカール・ヤーンら5人が当時収容所内で製造し、日本の農商務省関係者に伝えたソーセージのレシピを再現し、「習志野ソーセージ」として販売しています。

1917年当時、千葉県千葉郡に新設された農商務省畜産試験場の技師・飯田吉英《いいだよしふさ》は、日本国民の栄養の向上を目指すためにソーセージに注目しました。飯田は、習志野収容所でドイツ兵がソーセージを製造していることを知ると、ソーセージ作りの技術を伝授してもらえないかと頼みました。当初はマイス

（右から）飯田技師とカール・ヤーン。

写真提供：かすみがうら歴史博物館

ターの秘伝を公開することをためらっていたヤーンらでしたが、収容所の西郷所長の熱心な説得に折れ、技術を伝授したという逸話が残っています。ここで記録されたソーセージの技術は、農商務省を通じて全国の食肉加工業者へと伝えられていったのです。

現在、習志野市では「日本のソーセージ製法伝承の地」とうたい、ソーセージの販売とともに、毎年10月に「習志野ドイツフェア」を開催して町おこしに役立てています。

習志野ソーセージは、100パーセント豚肉で、発色剤などの添加物は使用せず、ドイツ式に塩分が強め。フランクフルトソーセージの製法にのっとって豚の腸を使った品質の高い商品です。冷凍の製品が習志野市内のスーパーや食品店などで販売されており、調理方法としては、「ボイル後、フライパンでじっくりと表面を焼く」としています。

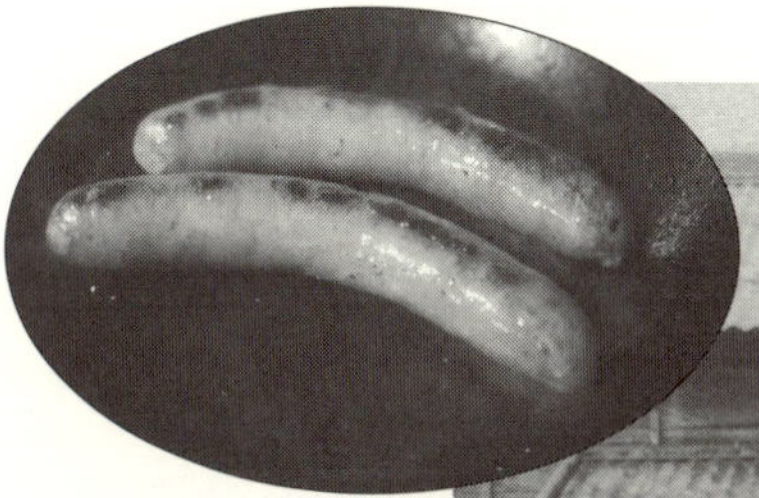

習志野ソーセージ

ヤーンらが使っていた習志野収容所内の屠畜小屋。

写真提供：習志野市教育委員会

プラスワン情報

習志野のドイツ捕虜オーケストラ

習志野捕虜収容所の所長は、西南戦争で敗死した西郷隆盛の息子であり、ドイツの士官学校に留学経験のある西郷寅太郎大佐。彼もまた板東収容所の松江所長と同様、ドイツに深い理解を寄せ、捕虜たちに同情して温かく接していたため、彼らから慕われていました。

収容所には、オーケストラも組織され、ベートーヴェンやモーツァルトなどが演奏されていました。京成本線の実籾《みもみ》駅に近い東習志野にあった収容所跡地は、現在は公園や団地などが造成された住宅地となっており、かつての歴史をしのぶ「ドイツ捕虜オーケストラの碑」が建立されています。

西郷寅太郎

ドイツ捕虜オーケストラの碑

●元ドイツ兵捕虜が日本で食品製造会社を創立

１９２０年に第一次世界大戦の講和条約（ヴェルサイユ条約）が結ばれ、釈放されることになったドイツ兵捕虜たちのなかには、日本在留を決め、食品製造会社やレストランを創業する人もいました。というのは、大戦中にドイツではキール軍港での水兵の蜂起が原因となって革命が勃発し、カイゼル皇帝（ヴィルヘルム２世）が退位して共和国宣言を行う政変が起こったことで、故国へ戻るのをためらう者がいたためです。日本人女性と結婚し、生活の糧としてドイツの技術でソーセージやハム、マヨネーズなどの製造販売を始めたというわけです。

ドイツで食肉加工業の見習いとして修業し、久留米の捕虜収容所で調理場を担当していたアウグスト・ローマイヤは、釈放後に東京帝国ホテルに就職し、ハムやソーセージを製造して絶賛されたのを機に、東京の大崎に「合資会社ローマイヤ・ソーセージ製作所」を設立して独立。近年になって会社は一族の手から離れたものの、「ローマイヤ」の名を残して現在もハム、ソーセージの製造、販売や、ドイツ・レストランの営業を行っています。ローマイヤの功績のひとつには、１９２１年のロースハムの発明があります。

習志野捕虜収容所にいたカール・ブッチングハウスは、目黒にソーセージ工場と店舗を建てて繁盛していました。その後、神戸に移転し神戸空襲で焼けて再建に至らなかったものの、弟子の一人が三宮《さんのみや》で「ブッチングハウス」の名で近年までソーセージ店を営んでいました。こちらの店舗は残念ながら阪神・淡路大震災で焼失して閉店してしまったのですが、茅ケ崎《ちがさき》の「ハム工房ジロー」

や、兵庫県明石の「土井ハム」など、ブッチングハウスの他の弟子たちが技術を伝えた店舗が今も各地で営業を続けています。

同じく習志野収容所にいたカール・ケテルは、銀座にドイツ料理店「ケテル」を開業し、ドイツのハムやソーセージ、ケーキを販売していました。2004年にビルの解体のため惜しまれつつ閉店したのですが、現在はケーキレシピのみ京都の「イノダコーヒ」が受け継ぎ、販売を続けています。

習志野収容所出身のヨーゼフ・ヴァン・ホーテンと、似島収容所出身のヘルマン・ヴォルシュケは、横浜港の外国船への食糧供給業者から創業した「明治屋」に雇われ、ハム、ソーセージの製造を開始しました。

また似島捕虜収容所時代にバウムクーヘンを日本に初めて紹介したカール・ヨーゼフ・ヴィルヘルム・ユーハイムは、最初は横浜で、関東大震災で店が倒壊した後は神戸に移転してドイツ菓子店「ユーハイム」をオープンさせました。ユーハイムは、菓子職人としてドイツの租借地だった中国の青島に滞在中に、ドイツに宣戦布告した日本軍の攻撃を受けて捕虜となり、戦闘員でなかったにもかかわらず日本の収容所に送られるという数奇な運命をたどった人物です。しかし、バウムクーヘンをはじめとする彼の作るドイツ菓子は日本でも大評判になり、日本にとどまって事業は大成功して現在に至っています。神戸ではまた、名古屋の捕虜収容所にいたハインリヒ・フロインドリーブが開業したドイツパンと洋菓子の店「フロインドリーブ」が、今も神戸を代表するベーカリーショップとして営業を続けています。

●国産ソーセージ、ハムの変遷

日本でソーセージが初めてお目見えしたのは、ドイツ兵捕虜の時代より前の１９１０（明治43）年のことでした。ドイツ人シェフ、マーチン・ヘルツがハム、ソーセージ店を横浜に開業したのが始まりだといわれています。ただしヘルツの店の主な顧客は外国人。同じ横浜にあった「江戸清」で食肉加工の見習いをしていた大木市蔵《おおきいちぞう》が顧客であったヘルツに弟子入りして、１９２４年に銀座で始めたハム・ソーセージ専門店が日本人による初のソーセージの販売になります。大木は「日本のソーセージの父」と呼ばれ、各地で指導を行って日本のハム、ソーセージの普及に尽力しました。

しかしながら、ハムが明治の頃より日本人に知られていたのに対して、ソーセージは一般の日本人には見慣れないものとして気味悪がられ、定着するまでにかなり時間を要しました。

日本人に最初に親しまれたのは、第二次世界大戦後に学校給食に取り入れられて広まった、安価な「魚肉ソーセージ」です。日本にはかまぼこなど魚肉の練り物が昔からあったのでなじみやすくもあったのでしょう。魚肉の練り物はタイなど東南アジアにもありますが、ヨーロッパではあまりなじみのないものです。

肉から作るソーセージが日本の食生活に広まったのは昭和30年代に入ってからのことでした。皮の部分を着色料で染めた日本独自の赤ウィンナーソーセージが発売され、油で焼いてお弁当のおかずなどにする「たこさんウィンナー」が流行しました。ウィンナーはもともとオース

魚肉ソーセージ

トリアの首都ウィーンのソーセージという意味ですが、他にフランクフルトソーセージ（もともとはドイツのフランクフルトのソーセージという意味）やボロニアソーセージ（もともとはイタリアのボローニャのソーセージという意味）なども出回りはじめ、日本のＪＡＳ規格でソーセージの種類が以下のように定められました。

ウィンナー：羊の腸を使ったものか、太さが20ミリメートル未満のもの
フランクフルト：豚の腸を使ったものか、太さが20〜36ミリメートルのもの
ボロニア：牛の腸を使ったものか、太さが36ミリメートル以上のもの

ただし、以上はあくまで日本の規格であるため、それぞれの本場のソーセージとは少し違ったものになっています。また日本のハムはヨーロッパと比べて塩分が少なめです。本場ドイツのソーセージやハムの基準は厳しく、品質競技会では、「脂肪の加減」や「肉の風味」「噛みごこち」「クリスピー感」などが細かくチェックされます。かつては肉質や製造法で見劣りしていた日本のソーセージも近年はレベルが向上し、こうした品質競技会でも高く評価されるようになっています。

一方、ハムの方もソーセージとともに第一次世界大戦中にドイツ兵捕虜による製法が本格的に日本に伝わり、ローマイヤによるロースハムのほか、小片のさまざまな畜肉を固めて作る安価な「プレスハム」が日本独自のハムとして開発されました。ハムもソーセージも日本では主として豚肉が

使われていますが、安い製品には、ウサギ肉などの他の肉や大豆たんぱく、卵たんぱくなどが混ぜられていることがあります。

生肉のミンチ料理が原型だったハンバーグ

ドイツ北部の港町ハンブルクを語源とするハンバーグ（ハンブルクステーキ）は、ハンブルクとロシアのサンクトペテルブルクの間に数世紀にわたって結ばれた航路の交流からドイツで誕生した料理だといわれています。

馬の生肉をミンチにして塩、こしょうで味付けし、たまねぎやにんにくなどの薬味を加えて生卵の黄身を乗せた「タル・タル」（ステーキタルタル）という料理があります。これは遊牧民だった中央アジアのモンゴル系タタール人が、遠征中に年老いて働けなくなった馬をつぶし、硬い肉を食べやすくするためにミンチにした食習慣に由来するといわれる料理。ヨーロッパでは馬肉の代わりに牛肉を使うことが多いです。

ロシアのステーキタルタル

ドイツには17世紀末からさまざまな地方に呼び名の違うミートボール料理があり、ハンブルクとその周辺ではハンバーグは「フリカデレ（Frikadelle）」と呼ばれ、一方、平べったくやや大きめにして焼いたものがハンブルクステーキ、すなわちハンバーグと呼ばれるようになったのです。牛肉から楕円形のパテを形作り、味に深みを出すために豚肉や、水、つなぎ用に古くなったパン、卵などを加え、塩、こしょう、ナツメグなどのスパイスを加えてよくこねて作りますが、総質量の少なくとも80パーセントが肉でなければハンブルクステーキではないという定義があります。ハンブルクステーキは、高級な古典料理としてエスコフィエ（→P72）のレシピにも掲載されています。

ハンブルクステーキは移民を通じてアメリカにも伝わりました。バンズに野菜やマスタードなどとともにはさんだハンバーガーは、ドイツの流れを汲むアメリカの料理です。

日本には西洋料理のひとつとして、ハンバーグ・ステーキの名称で1905（明治38）年の『欧米料理法全書』の中に初めて登場しました。大正時代以降に街の洋食店の定番メニューとなり、とんかつと同様に定食になったり、鉄板に乗せたグリル料理になったりして広まりました。1960年代には、家庭料理のおかずとして、「マルシンハンバーグ」のようないろいろな種類の肉が混ぜられた安価な調理済みのハンバーグが人気を呼びます。

ハンブルクステーキ

プラスワン情報

ミュンヘンのオクトーバーフェスト

ドイツ南部バイエルン州の州都ミュンヘンで、毎年9月半ばから10月上旬に開催される世界最大のビールの祭典「オクトーバーフェスト」を訪ねたことがあります。

会場にはミュンヘンにあるビール醸造所と、バイエルンの民族衣装に身を包んだカップルが集い、にぎやかな歌声が会場中に響きわたります。その年の収穫祭を兼ねているので、場外では馬車によるビア樽のパレードなども行われています。巨大なジョッキに注がれたビールとともに、ビールに欠かせないおつまみとして販売されているのがヴルスト（ドイツ語でソーセージの意味）。特にバイエルン名物のヴァイスヴルスト（太い白ソーセージ）が欠かせず、日本のソーセージのように焼かずにゆでて食べます。

近年は日本各地でも、ドイツ・ビールの祭典と

オクトーバーフェストの正門。バイエルンの民族衣装を身にまとった人々が次々にやってくる。

して10月に限らずオクトーバーフェストが開催されています。が、本場は規模も訪れる人の数も桁違い。ただ、日本で開催されるオクトーバーフェストのおかげで、「ジャーマンポテトはドイツにはない」など、ドイツに関する正しい情報が広まったのはよいことではないかと思います。

各ビール醸造所による馬車に積まれたビール樽。

オクトーバーフェストの会場内や周辺ではビールのおつまみにさまざまなソーセージが売られている。

日本のドイツ料理　歴史年表

年代	できごと
1861年	日本とプロイセンの修好通商条約が成立。
1865年	サッポロビールの創業者で醸造家の中川清兵衛《なかがわせいべえ》がドイツで醸造技術を学ぶ。
1871～1873年	岩倉使節団を欧米に派遣。ドイツ首相ビスマルクらに謁見。
1870年代	近代国家の手本として、軍事、法制、医学をドイツに学ぶ。
1876年	札幌麦酒醸造所（のちのサッポロビール）が開業。日本人による初のブルワリー（ビール醸造所）となる。
1887年	ドイツ系ロシア人ヤコブ・ベルテが横浜で外国人向けにソーセージを販売。
1897年	大阪に日本初のビアホール「アサヒ軒」が開業。
1909年	ドイツ人ワイン醸造技師ハインリッヒ・ハムが来日。登美農園（現在のサントリー登美の丘ワイナリー）で指導を行う。
1910年	ドイツ人シェフ、マーチン・ヘルツが横浜にドイツ式ハム、ソーセージ店を開業。「日本のソーセージの父」といわれる大木市蔵が弟子入りする。
1914年	第一次世界大戦が勃発（～1918年）。
1915～1920年	千葉県の習志野、徳島県の鳴門（旧板野郡板東町）など全国の捕虜収容所に約4700名のドイツ兵らを収容。収容所内で捕虜たちによってオーケストラ演奏やビール、ワインの醸造、パン、ソーセージ製造などが行われる。

1919年	名古屋捕虜収容所のドイツ捕虜兵からの指導をきっかけに誕生した「敷島製パン」が、名古屋に開業。
1921年	捕虜だったアウグスト・ローマイヤが、東京都品川区大崎でハム、ソーセージの製造開始。ロースハムを発明。
1922年	捕虜だったカール・ユーハイムがドイツ菓子店「E・ユーハイム」を横浜に開業、日本で初めてバウムクーヘンを販売。翌年、関東大震災で店が倒壊し、神戸に移住し新店「ユーハイム」を開店。
1924年	捕虜だったハインリヒ・フロインドリーブが神戸にパン・洋菓子屋（のちの「フロインドリーブ」）を開業。大木市蔵が銀座に日本初のハム・ソーセージ専門店を開業。
1925年	ドイツ料理レストラン兼ロースハムの直売店「ローマイヤ」が東京銀座に開業。
1939年	第二次世界大戦が勃発（～1945年）。
1930年	習志野捕虜収容所の捕虜だったヘルムート・ケテルがドイツ料理レストラン「ケテル」を東京銀座に開業（2004年閉店）。
1940年	日独伊三国同盟の発足。
1949年	ドイツが東西に分裂。
1977年	日本で初めて本格的なオクトーバーフェストが大阪で開催される。
1990年	ドイツが東西統一。
2011年	日独交流150周年とドイツ統一の日を記念して、ドイツ大使館らの主催によるドイツ・フェスティバルが東京・青山で初開催。

現在も営業中の日本の主な老舗ドイツ料理レストランとドイツパン店

○ユーハイム本店（神戸）１９２２年創業
○フロインドリーブ本店（神戸）１９２４年創業
○ローマイヤ（東京・銀座）１９２５年創業
○ドイツ軒（徳島・鳴門）１９３７年創業。板東捕虜収容所の捕虜からドイツパン作りを教わった藤田只ノ助の弟子がのれん分けして創業
○シーキャッスル（神奈川・鎌倉）１９５７年創業
○アルテリーベ（横浜）１９６５年創業。現在はドイツ料理だけでなくオーストリアやフランス料理を提供するミュージックレストラン。

日本のドイツ料理店の典型的なメニュー。

気軽に食べられる「洋食」

アメリカ料理

●アメリカ海軍の街・佐世保と横須賀に伝わったハンバーガー

旧日本海軍の本拠地のうち、長崎県の佐世保と神奈川県の横須賀には、戦後、アメリカ海軍の基地が置かれ、軍人向けのアメリカ料理の店ができました。その代表格が、気軽に食べられるハンバーガーです。

1950年には、佐世保にアメリカ海軍関係者から初めてそのレシピが伝えられたとされています。その日本初のハンバーガーは「佐世保バーガー」と呼ばれ、とくに流儀は決まっていないものの、「手作りによる、作り置きでない」ことにこだわり、2000年

石岳展望台から見る佐世保市街。

代からのご当地B級グルメブームに乗って全国的に知られるようになりました。鉄板で焼いたハンバーグのほかに、ベーコンや目玉焼き、チーズ、野菜などの具をボリュームたっぷりにはさんだハンバーガーです。

佐世保バーガーマップ

1951（昭和26）年創業の佐世保ヒカリのスペシャルバーガー。

●横須賀のヨコスカネイビーバーガー・ショップ

一方、横須賀では、日本海軍の調理法をもとにした「よこすか海軍カレー」が発売から10年を迎えた2008年に、「ヨコスカネイビーバーガー」が販売を開始しました。これは、アメリカ海軍横須賀基地から横須賀市に友好の象徴として提供されたアメリカ海軍の伝統的なハンバーガーのレシピにもとづいて作られたものです。牛肉本来の味を損なわないシンプルなハンバーガーで、好みでたまねぎやトマトをトッピングし、ケチャップやマスタードをかけて食べます。

横須賀市の中心地に位置する通称「どぶ板通り」は、第二次大戦後に進駐軍・在日アメリカ軍横須賀基地の兵隊向けの土産物店やバー、飲食店などが立ち並んで栄えた通り。どぶ板通りやその周辺には現在、横須賀海軍カレーや、ヨコスカネイビーバーガーを販売するショップが集まっています。

とくに目を引くのは、「TSUNAMI」というアメリカンダイナー（アメリカ料理を提供する気どらない店）です。ハンバーガーにも多数

ヨコスカネイビーバーガーの店「TSUNAMI」

の種類があり、ジョージ・ワシントン、ロナルド・レーガン、バラク・オバマ、ドナルド・トランプ……とアメリカ大統領の名前が付けられたバーガーのメニューも。ハンバーグのほかに目玉焼きやベーコン、チーズなどがトッピングされてボリュームたっぷりですが、なかでも「第七艦隊バーガー」は重量が1・8キログラムもあるという巨大さで、通常は4、5人で分けて食べるメニューとして人気を集めています。

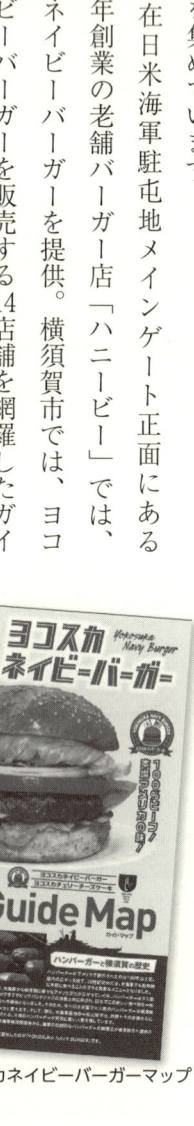

他に、在日米海軍駐屯地メインゲート正面にある1968年創業の老舗バーガー店「ハニービー」では、正統派のネイビーバーガーを提供。横須賀市では、ヨコスカネイビーバーガーを販売する14店舗を網羅したガイドマップも配布しています。

ヨコスカネイビーバーガーマップ

アメリカのハンバーガーの変遷

アメリカを代表する食べ物であるハンバーガーは、そもそもドイツ移民とともにアメリカで19世紀に誕生した料理でした。

ハンバーガーの由来についてははっきりしておらず、たくさんの説があります。代表的なものは、アメリカに船で渡る途中で移民が食べた、ローストした牛肉に肉汁のソースをかけてパンを乗せた北ドイツの郷土料理ルンドステュックワームが起源という説、また1900年にコネチカット州ニューヘブンでデンマーク人のルイ・ラッセンが発明したという説、1885年にニューヨーク州のバッファローに近いハンバーグ村でお祭りのために売られたのが最初という説などです。

第一次世界大戦中には敵国ドイツへの反感が広がったため、ハンバーガーは、イギリス系のアメリカ人医師ジェームス・H・ソールズベリー博士の名を取ったハンバーグに似た料理「ソールズベリーステーキ」と混同されたこともありました。1921年にカンザス州で初のハンバーガーチェーン店となるホワイトキャッスルが創業したのを皮切りに、1940年にはカリフォルニア州でファストフードチェーンのマクドナルドが創業するなどして、ハンバーガーは全米そして世界中に広まりました。

テリヤキバーガー

●世界にはばたいた日本独自のテリヤキバーガー

ハンバーガーが日本で普及する過程で、日本ならではの味わいのハンバーガーも誕生しました。

1971年に東京銀座に日本第一号店を開業したマクドナルドに続いて翌年、日本発祥のハンバーガーチェーン店「モスバーガー」がオープンし、日本人の好みにあったハンバーガーを目指して開発されたのが「テリヤキバーガー」でした。モスバーガーのテリヤキバーガーは、創業者の櫻田慧《さくらださとし》がアメリカで照り焼き風ハンバーグを食べたことをヒントに誕生した商品。モスバーガーによると、日本人の味覚に合い、パティやバンズにも合うよう味噌を隠し味に使ったテリヤキソースも、魚の照り焼きのイメージで当初はあまり売れなかったのだそうです。しかし、当時の女子高生による口コミでおいしさが広がり、大ヒット商品になりました。今では

ライスバーガー

マクドナルドなどの日本国内のチェーン店はもちろん、アメリカをはじめとする海外にも広まって、「サムライバーガー」「ショウグンバーガー」などの名称で日本ならではのハンバーガーとして人気を集めています。

モスバーガーは1987年には、ご飯を焼きおにぎり風に固めてバンズにし、日本の食材をサンドした「ライスバーガー」など、他にも日本らしいハンバーガーを発売。こちらは米食文化圏のアジアの国々などに輸入されて定着しています。

大阪万博で人気をよんだアメリカンドッグ

ハンバーガーとともに日本に広まったアメリカならではの料理といえば、ホットドッグとアメリカンドッグです。アメリカンドッグは、とうもろこし粉の厚い生地で太いソーセージを包んで揚げたアメリカ生まれのコーンドッグを、日本でアレンジした料理でした。

コーンドッグは、1920年代から40年代にかけて、テキサスに移住したソーセージ職人のドイツ移民が発明したなどいくつかの説があり、アメ

コーンドッグ

リカでも日本でもお祭りの屋台やファストフードのメニューとして親しまれてきました。コーンドッグはホットドッグのバリエーションとして誕生し、ケチャップやマスタードをかけるのは一緒ですが、ソーセージと一緒にチーズなどの具を巻いて、包んで揚げることもあります。

日本のアメリカンドッグは、小麦粉の生地と魚肉ソーセージ（肉のソーセージのことも）を使い、なぜか北海道の道東ではフレンチドッグと呼び、ケチャップやマスタードの代わりに砂糖をまぶして食べることがあります。アメリカンドッグは、一説には、1970年に開催された大阪万博のアメリカ館のパイロット店舗で販売されたケンタッキー・フライドチキンなどと一緒に登場して、流行《はや》りはじめたといわれています。

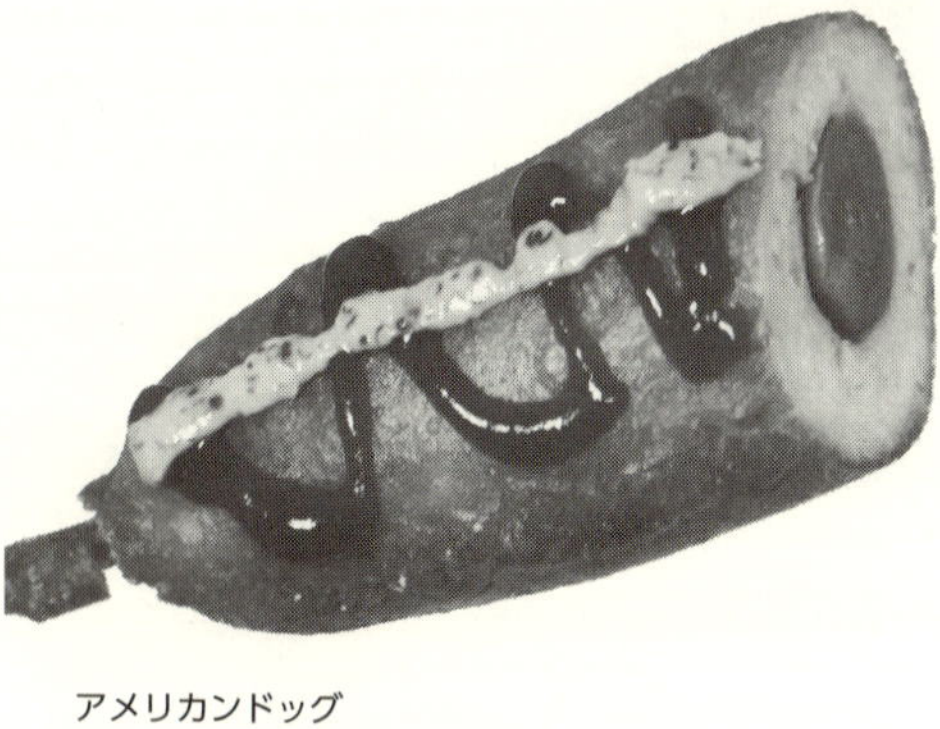

アメリカンドッグ

プラスワン情報

第二次世界大戦後に急速に広まったアメリカ料理

アメリカはペリーの黒船来航（１８５３年）のあと、日本と最初に修好通商条約を締結した国ですが、ハンバーガーやアメリカ式のピザなど、カジュアルなアメリカならではの料理が日本に初めてお目見えしたのは、第二次世界大戦後のことでした。横須賀や佐世保、沖縄など米軍基地の置かれた地域には、アメリカ兵向けの食堂がオープンし、アメリカ料理が日本人にも広まっていったのです。

戦後、アメリカは国家戦略として自国の農作物を日本で売るために、肉や乳製品、パンを食べる欧米式の食生活を推進する援助を行いました

アメリカンタイプのピザ

（１７０ページの【アメリカによる「小麦戦略」】を参照）。つまりアメリカは、戦後の日本における「洋食」文化拡大の火付け役になったというわけです。

日本のアメリカ料理　歴史年表

年代	できごと
1853年	ペリーの黒船が来航。
1854年	日米和親条約締結。
1858年	日米修好通商条約締結。
1934年	米大リーグの強打者ベーブ・ルースらが来日した日米親善野球大会で、神戸在住のドイツ人ソーセージ職人ヘルマン・ウォルシュケが日本で初めてホットドッグを販売（試合会場となった甲子園球場では今でも「ヘルマンドッグ」という日本の元祖ホットドッグを販売）。
1939年	第二次世界大戦勃発（～1945年）。
1945年	日本の敗戦により連合国軍が占領（～1952年）。
1946年	横浜のホテルニューグランドの初代総料理長サリー・ワイルの弟子だった石橋豊吉による米国風洋食店「センターグリル」が横浜に開業。
1951年	「ハンバーガーショップ ヒカリ」が佐世保に開業。佐世保バーガーのはしりとなる。
1964年	ロッキー青木らが、昭和12年に両親が東京の日本橋に創業した洋食店「紅花」を土台に、鉄板焼きチェーン「BENIHANA OF TOKYO」第1号店をニューヨークに開業し、成功。
1968年	アメリカンダイナー「ハニービー」が横須賀に開業。
1970年	佐世保の「Big Man」が元祖ベーコンエッグバーガーを発売。 日本万国博覧会（大阪万博）のアメリカ館でケンタッキー・フライドチキンがパイロット店舗として初出店。
1971年	マクドナルド1号店が銀座に開業。
1972年	モスバーガー開業。
1973年	モスバーガーが「テリヤキバーガー」を開発し、発売。

4 パンもラーメンも日本の食文化

日本人の第二の主食になった「パン」

元ドイツ兵捕虜が育てた神戸のパン

２０１７年現在、日本で1世帯当たりのパン消費量、購入金額が多い都市は、京都市、神戸市、岡山市、大阪市、堺市です。なかでも、横浜や長崎、函館などとともに開港5大都市であり、外国人居住の長い歴史を持つ神戸は、パン好きの起源ともいえる街。そのパンの街・神戸を語るときに欠かせない店が、１９２４年に創業したベーカリーショップ「フロインドリーブ」です。創業者であるハインリヒ・フロインドリーブは、１９１４年に勃発した第一次世界大戦時における日独戦争で、日本の収容所に送られたドイツ兵捕虜のひとりでした。

フロインドリーブ神戸店舗

終戦後、釈放された捕虜たちのなかには日本にとどまり、食品製造の会社を創立する人がいました。ドイツでパン職人だったフロインドリーブも、名古屋の収容所から解放された後に、名古屋の敷島製パン（現PASCO）の初代技師長に就任しました。その後、フロインドリーブは独立し、神戸に店舗を構えたのでした。自然発酵を待って煉瓦窯で焼いたドイツパンは香り高く噛みごたえがあって、今も多くの顧客から支持されています。現在は、1929年に建立された旧ユニオン教会に店舗を構え、パンのほかにドイツ菓子の販売やカフェの営業をおこなっています。神戸市内の「フロイン堂」をはじめ、フロインドリーブの店で学んだ日本人パン職人が始めたドイツパンの店もあります。フロインドリーブは、日本人のパン職人が始めた、フフンスのパン製法をもとにしたドンク（1905年創業）、イスズベーカリー（1946年創業）などとともに、神戸のパンのレベルの高さを押し上げてきました。

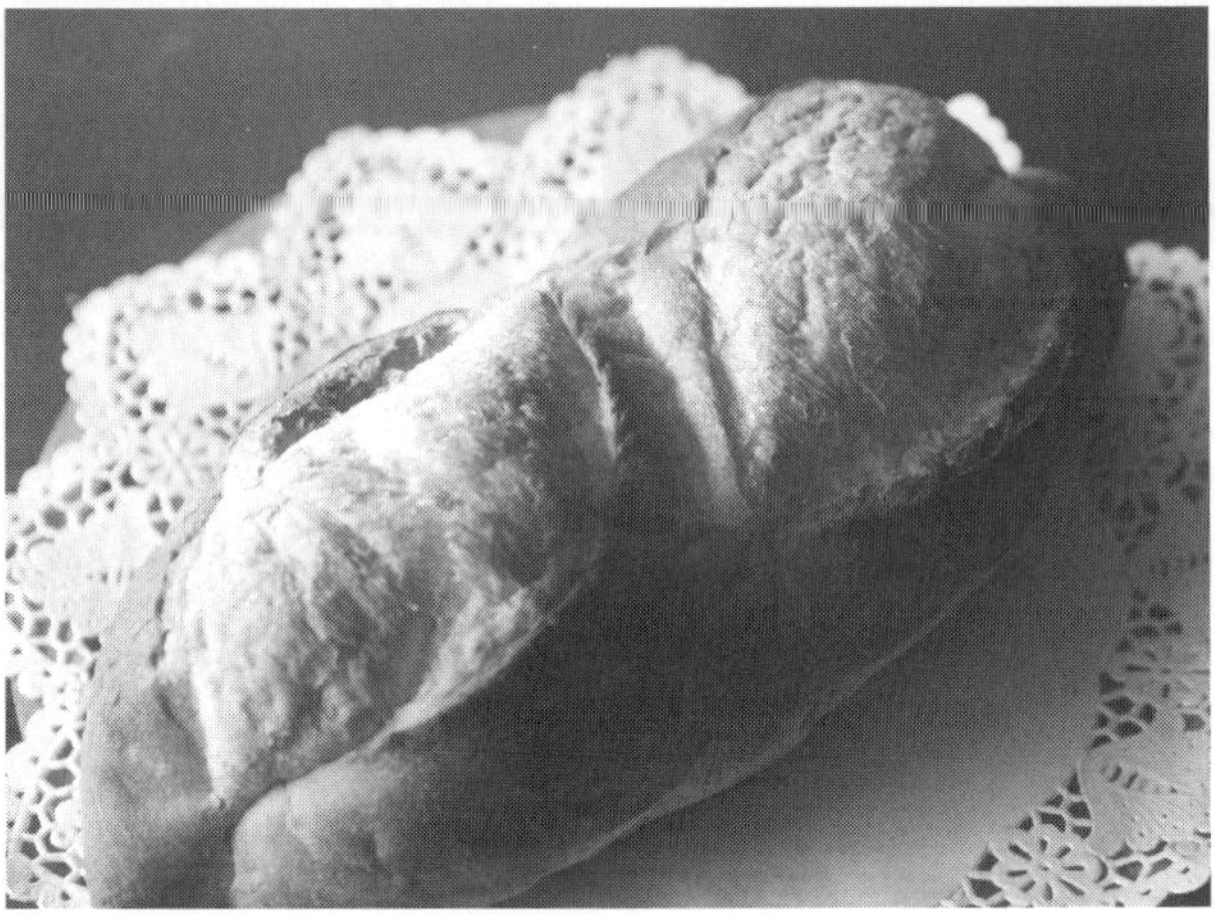

フロインドリーブのドイツコッペ

また神戸にある、バウムクーヘンを日本に初めて紹介したドイツ菓子の「ユーハイム」も、元ドイツ兵捕虜が始めた会社でした。

一方、フロインドリーブが初代技師長を務め、ドイツ式のパン製法から発展した敷島製パンは、その後日本の食パンのトップブランドとなりました。

日本のパン食の変遷

小麦などの穀物の粉を水で錬った生地をオーブンなどで焼いたパンは、世界的にも最も古い食品のひとつ。しかし、今でこそパン食が広まりすぎて米の余剰問題が起こっているほどの日本ですが、もともとは米を主食とする稲作文化圏の中にあったため、ある時代まではずっとパン食が根づくことがありませんでした。日本に初めてパンが伝えられたのは１５４３年、種子島にポルトガル人の船が漂着したときです。フランシスコ・ザビエルら宣教師が日本にキリスト教の布教をおこなってパンの製法も伝わったはずなのですが、その時もあまり浸透しないまま鎖国の時代となり、途絶えてしまいました。

もっとも、日本語の「パン」はポルトガルの「pao」からきた言葉であり、ポルトガル菓子「パン（パォン）・デ・ロー」を原型にしたお菓子のカステラは、ポルトガル人のバテレンが追放された後も受け継がれていくのですが、パンを米代わりに食べることはなかったのです。西洋料理から派生した洋食が大衆化されはじめても、つねにご飯（ライス）が欠かせなかったほどでした。

軍の兵糧として注目されたパン

そんななか、江戸末期にパン食に注目した日本人がいました。清とイギリスの間でアヘン戦争が起きたことを長崎に入港するオランダや清の商人から聞き知り、日本近海に外国船がしばしば現れるのを見て、日本の国防を憂慮していた伊豆国・韮山《にらやま》の代官、江川太郎左衛門《えがわたろうざえもん》（江川英龍《ひでたつ》）です。

太郎左衛門は、師である長崎出身の洋式砲術家の高島秋帆《しゅうはん》にならって西洋砲術とともに、兵糧として携帯に便利で腐りにくいパンが最適だと考えたのです。そしてオランダ式の窯を邸内に設置して小麦粉でパン（堅パン）を焼き、味を改良していきました。太郎左衛門は現在、日本のパン業界から「日本のパン祖」と呼ばれています。韮山では太郎左衛門のパンを再現して販売していますが、硬いパンのため、水やスープにひたして食べるようすすめています。

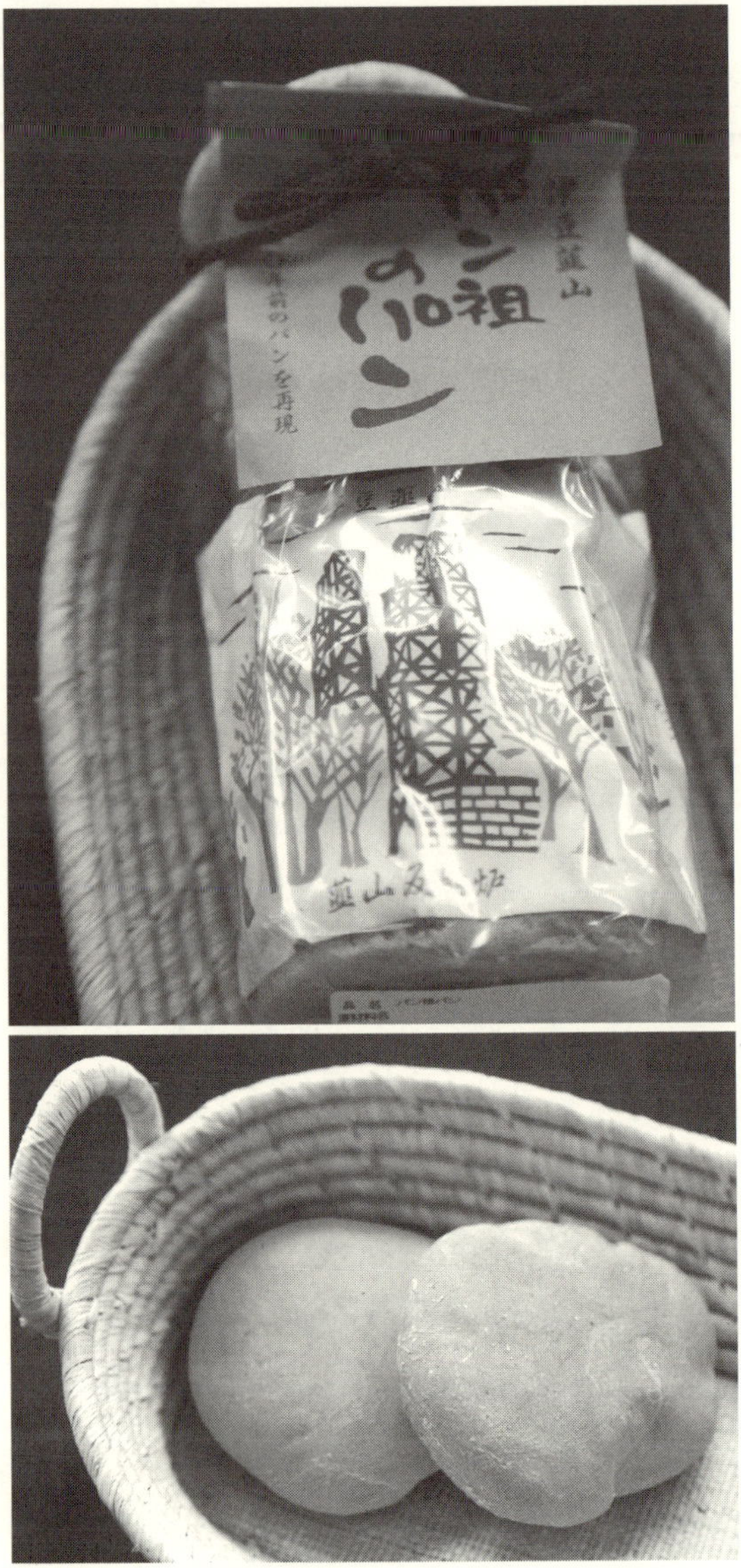

韮山で売られているパン祖のパン。

プラスワン情報

江川太郎左衛門（江川英龍）

江戸時代後期の幕臣で伊豆韮山代官、江川太郎左衛門（1801〜1855年）。坦庵《たんあん》の通称でも知られている人物です。江川家は清和源氏の流れを汲む家系で、6代目の時代に保元の乱（1156年）を避けて伊豆の韮山に定住したと伝えられています。当主は代々、太郎左衛門を名乗っていましたが、特に英龍は文化人、開明思想家、改革的技術者として多彩な能力を発揮した人物として広く知られています。今に伝わる英龍の肖像画も、彼自身が描いた自画像です。

江川太郎左衛門

英龍の時代である幕末は、欧米の列強がアジアの各地を次々と植民地にしていた時代であり、伊豆半島にはペリーの黒船以前にもしばしば外国船が訪れていました。英龍は今でいう日本の「国防」の必要性に早い時期から気づき、兵糧のパンのほか、鉄砲鋳造のための韮山反射炉（世界遺産に登録）、沿岸防備のための砲台である東京湾のお台場、戸田村での最初の西洋式造船の監督など、日本の置かれた立場を憂慮してさまざまな対策を行いました。

一方、英龍は欧米の共和制や民主主義に深い関心を寄せ、代官として民政に心を配り、支配地である伊豆、駿河、甲斐、武蔵、伊豆半島の領民からは「世直し江川大明神」として敬われていました。英龍は戦前には「国防の先覚者」として教科書にも取り上げられる日本の英雄でしたが、第二次世界大戦後の反戦平和の風潮の中で、その名は学校教育の場から消し去られてしまったのでした。韮山には、韮山反射炉からさほど遠くない地に江川家の邸宅が史跡として今も残り、パン窯などが展示されています。

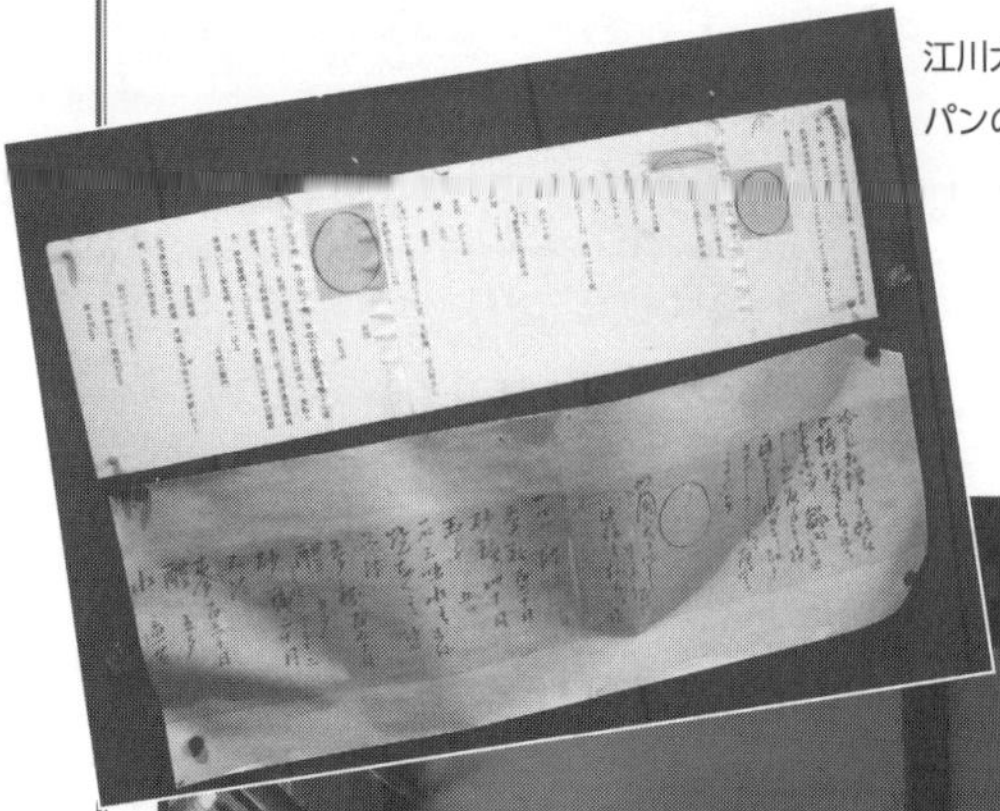

江川太郎左衛門のパンのレシピ

江川太郎左衛門のパン窯

また、時を経て明治時代の半ばを迎えると、大日本帝国海軍がパン食を導入しました。このときは江戸時代のように携帯性が着目されたのではなく、当時、患者の大量発生で戦艦が操作不能になるほど深刻な危機状態に陥っていたビタミン欠乏症の「脚気」の蔓延を、兵食で改善することが目的でした。海軍のパンは「生麵麭《なまばん》」と呼ばれ、採用当初は極端な米飯廃止によって一日3食ともパンのこともありました。しかも当時の海軍のパンは大さじ1杯の砂糖を添えて食べることになっており、主食ではなくおやつと思った兵士も多かったといいます。これはさすがに不評で、白米を取り混ぜた食事に戻されました。海軍経理学校が採用したという「田辺玄平氏式生麵麭」のレシピを見ると、小麦粉のほかにじゃがいもが加わっていて、ビタミンB_1の補給のために工夫されていたのがわかります。

●アメリカによる「小麦戦略」

日本に現在のようなパン食を定着させた最大のきっかけといえるのは、第二次世界大戦後にアメリカから大量に輸入された小麦でした。

まず戦後間もないＧＨＱ占領下の食糧難時代に、日系アメリカ人が中心になった救済組織ＬＡ《ラ》ＲＡ《ラ》が無償提供したララ物資（小麦と脱脂粉乳）がアメリカから輸入され、これが欠食児童対策として学校給食のパンとミルク（脱脂粉乳）になりました。さらに、１９５４（昭和29）年のサンフランシスコ条約締結で日本が独立国になった後はララ物資が廃止され、アメリカ政府は余剰農産物輸出促進法案（ＰＬ４８０）を成立させて、アメリカ国内で余って困っていた小麦を日本に長期的に売りこむために、日本にパン食の推奨を仕掛けてきました。これが、アメリカの日本における「小麦戦略」ともいえる一大作戦です。

日本側も、当時の厚生省、農林省、文部省や栄養関係者らが「これからの日本人の食生活はご飯や味噌汁よりも、パンに牛乳、肉類、乳製品といった欧米流の食生活が望ましい」として、キッチンカーによる実地指導や、油脂を摂取するための「フライパン運動」などに取り組みました。また当時は、漬物や豆腐といった日本の伝統食を批判し、「米食をすると頭脳が悪くなる」といったデマのような発言をする学者らもいました。このような極端な言動の陰で、アメリカ政府による資金援助があったことが後にわかっています。そんなプロパガンダのなか、貧しい時代の多くの日本人は欧米流の豊かな食生活にあこがれていたので、パン食に始まる食生活の欧米化はたちまち広まっていったのです。

日本で考案された独自のパン

パンを主食にすることが日本人にあまりなじみのなかった明治時代、和菓子の延長のような「菓子パン」が日本で考案され、おやつとして人気を呼びました。

木村屋銀座本店。

あんパン

1869（明治2）年創業の「木村屋」（現・木村屋總本店）が1874年に売り出した「あんパン」は、日本で生まれた画期的な和洋折衷の菓子パンです。木村屋は築地の海軍兵学校などにパンを販売していましたが、一般の日本人にはパンは普及していませんでした。そこで、創業者の木村安兵衛、英三郎の親子は、日本人の好みに合わせてあんパンを発明したのでした。あんパンは、和菓子に使う小豆やいんげん豆の餡《あん》と、イーストの代わりに酒種《さかだね》発酵種を使って、酒まんじゅうの要領で作ったもので、銀座の木村屋の店先には現在でも酒種のいい匂いがただよっています。

ジャムパン

ジャムパンも木村屋発祥の菓子パンです。

木村屋のあんパン

ヨーロッパのジャム入りビスケットをもとに、日露戦争の起こった1904（明治37）〜1905年頃に売り出されました。ジャムパンの中身といえば今ではいちごジャムが主流ですが、木村屋では、発売された当時の楕円型のあんずジャム入りパンを今も販売しています。

クリームパン

クリームパンは、あんパン、ジャムパンとならぶ日本の三大菓子パンのひとつ。元祖クリームパンは、1874年に新宿中村屋で発売されました。ヒントになったのはシュークリームで、創業者夫妻が初めて食べたシュークリームのおいしさに驚いて、すでにあったあんパンを踏襲して作りました。発売当初は、パンの中に空洞ができないように、かしわ餅のような形にしたといいます。

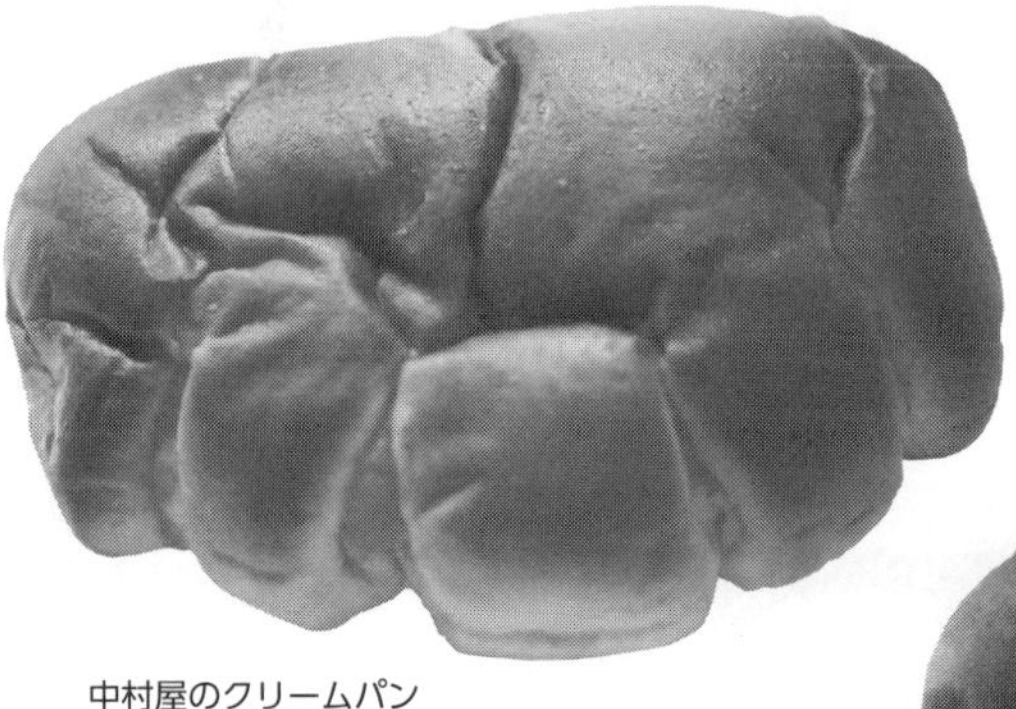

中村屋のクリームパン

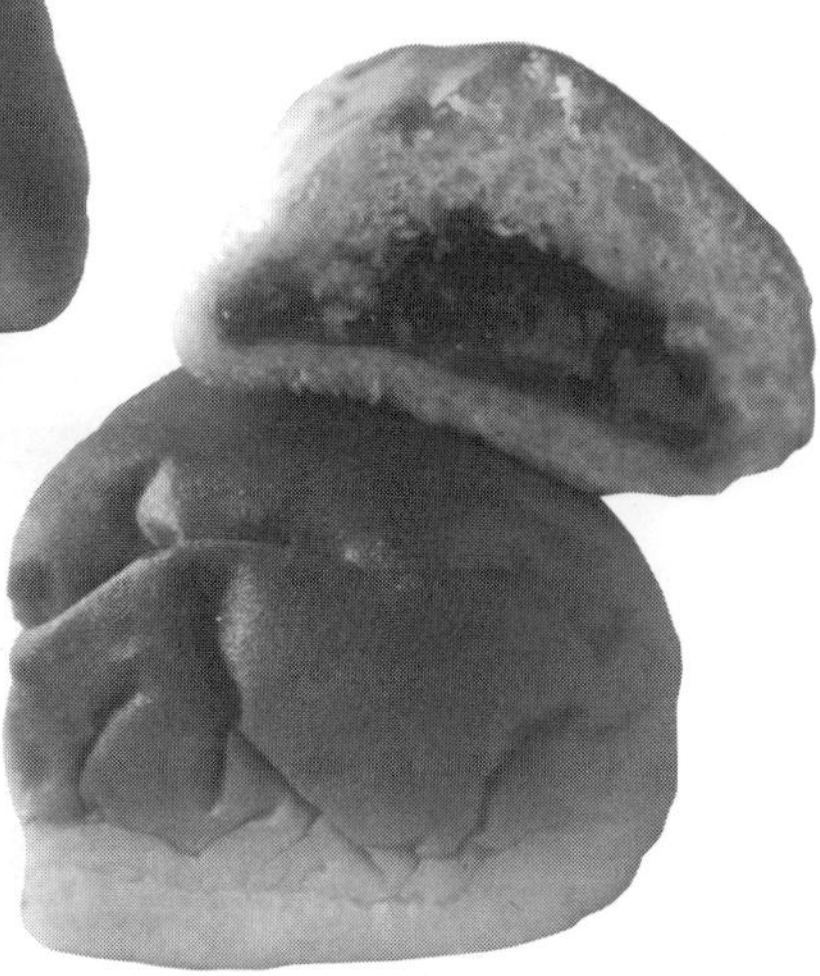

木村屋のジャムパン

メロンパン

メロンパンは、日本のホテルベーカリーの父といわれる福田元吉の師匠だったイワン・サゴヤンが、1911（明治44）年頃に、フランスのブルターニュ地方の郷土菓子であるガレット・ブルトンヌをもとに発明したなど、いくつかの説のある菓子パンです。サゴヤンは元ロシア帝国の宮廷料理人だったアルメニア人で、旧満州のハルビンの大和ホテル（現在の龍門貴賓楼酒店）から帝国ホテルに引き抜かれ、日本初のホテルのベーカリー部でパン職人として活躍しました。

日本のサンドイッチ

サンドイッチは、18世紀のイギリスの貴族サンドウィッチ伯爵ジョン・モンタギューが語源といわれる、パンとパンの間に具をはさんで食べる料理ですが、日本では、1892（明治25）年に神奈川県の大船駅で大船軒が駅弁として販売したハムサンドが先駆けだといわれています。その後、日本独自のサンドイッチが誕生しました。

メロンパン

ガレット・ブルトンヌ

カツサンド

1935（昭和10）年に東京・湯島のとんかつ専門店「井泉《いせん》」が、顧客だった花柳界の芸者向けにやわらかいとんかつをパンにはさんで売り出したのが始まりといわれています。関西では、ビーフカツをはさんだ「ビーフヘレカツサンド」が洋食店などのメニューになっています。こちらは大阪ミナミの通天閣の近くにある「グリル梵《ぼん》」が発祥です。

井泉のカツサンド

グリル「梵」のビーフヘレカツサンド

フルーツサンド

缶詰の果物とクリームをはさんだフルーツサンドは、詳しくはわかっていませんが、昭和初期に日本で誕生したといわれています。海外ではパンにフルーツをはさむ習慣がほとんどなく、フルーツサンドは日本ならではのパンの食べ方でもあります。

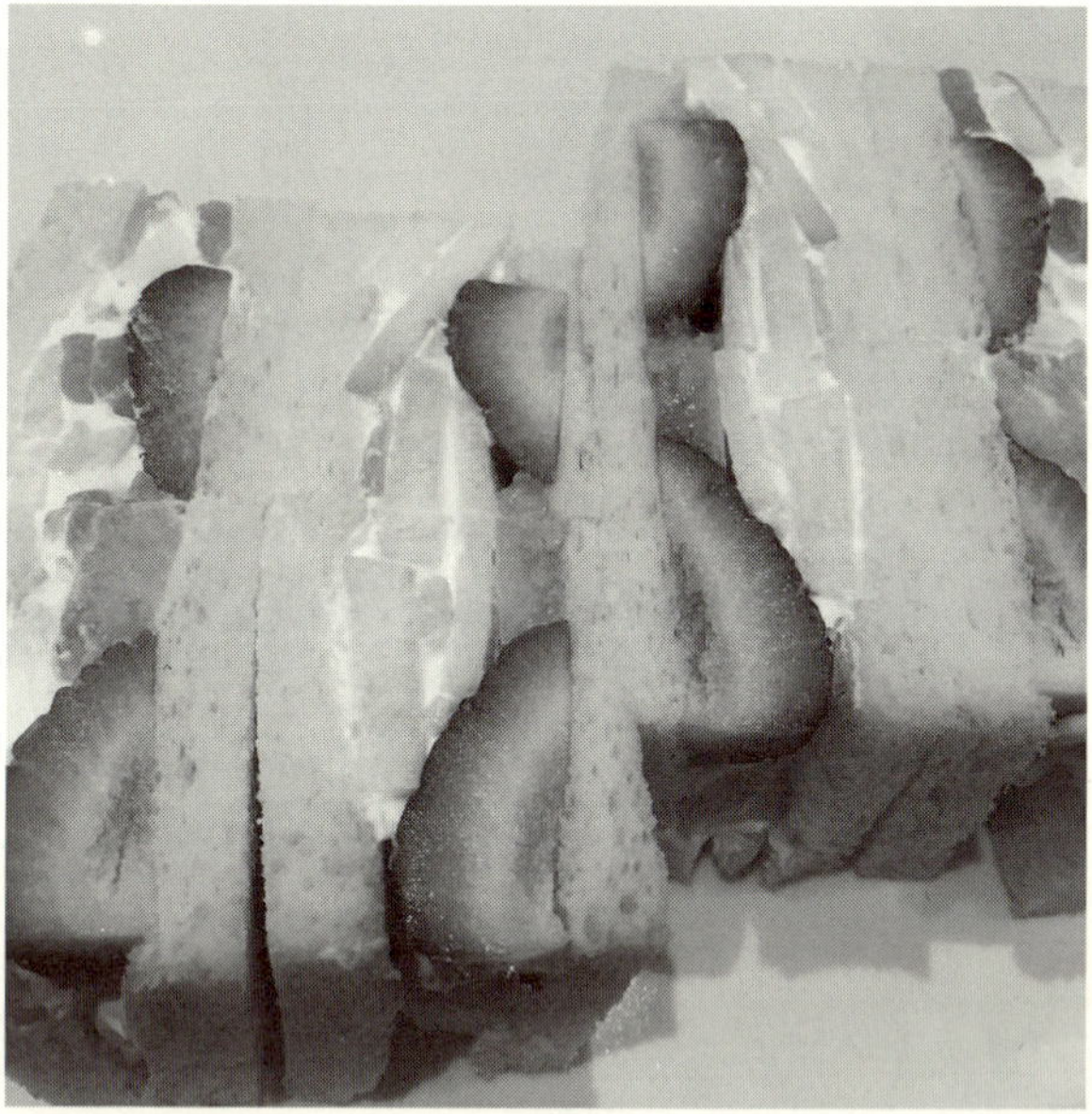

フルーツサンド

●日本で独自に発展した「コッペパン」

コッペパンは、フランスのパン「クーペ」や、アメリカのホットドッグのバンズをもとに日本で独自に発展したパンです。明治末期にアメリカで製パン法を学び、大正時代にイーストによる製パン方を日本で初めて開発してパン食の普及に努めた田辺玄平《たなべげんぺい》が、全国に広めた「丸十製パン」で販売した代表的なパンでもありました。細長くふわふわで柔らかいコッペパンに切り目を入れて、ジャムやマーガリン、コロッケ、卵、焼きそばなどさまざまな惣菜をはさむのは、日本ならではの食べ方でもあります。

コッペパンは太平洋戦争中の配給食として、また揚げパンとともに、戦後アメリカから配給された小麦粉を使った学校給食の主食として、1980年代頃まで重要な役割を果たしてきました。

小ぶりなコッペパンを使った卵パン。

　１９８０年代以降は、フランスのバゲットやクロワッサンをはじめ外国からさまざまな本場のパンが日本に入ってきて広く販売されるようになったため、コッペパンは一時期、日本人の間で忘れられかけていた時代もありました。しかし２０００年代初め頃にパンブームが始まり、パン好きのすそ野が広がってくると、シンプルで、多くの日本人にとって懐かしいコッペパンが改めて見直されるようになったのです。

　２０１６年頃からは各地にコッペパンの専門店が次々と誕生。小麦粉にこだわったり、具材に新しいテイストを加えたりしたパンが人気を呼んでいるようです。

コッペパンを使った焼きそばパン。

現在も営業中の日本の主な老舗パン店

○木村屋總本店（東京・銀座）1869年創業。あんパンの元祖
○カトレア（東京・森下）1877年創業。カレーパンの元祖
○ウチキパン（横浜）1888年創業
○関口フランスパン（東京・目白）1888年創業。東京カテドラル関口教会付属のパン部として開業。
○明治堂（東京・王子）1889年創業
○新宿中村屋（東京・新宿）1904年創業。クリームパンの元祖
○ドンク本店（神戸）1905年創業。もと藤井パン
○築地木村家（東京・築地）1910年創業。銀座木村屋よりのれん分けで開業。
○ニコラス精養堂（東京・世田谷）1912年創業
○三鷹丸十ベーカリー（東京都・三鷹）1919年創業
○全日本丸十パン商工業協同組合（東京都を中心に全国に組合員の店舗）1913年創業
○ハト屋（東京・向島）1913年創業
○コテイベーカリー（横浜）1916年創業
○友永パン屋（大分・別府）1916年創業
○タカセ（東京・池袋）1920年創業
○ササキパン（京都）1921年創業
○まつむら（東京・日本橋）1921年創業
○天狗堂海野製パン所（京都）1922年創業
○せたパン（東京・三軒茶屋）1923年創業
○フロインドリーブ（神戸）1924年創業
○グリムハウス（東京・亀戸）1926年創業
○栄軒ベーカリー（新潟・五泉）1927年創業
○木村屋（東京・本郷）1928年創業
○ベイカリー白川（京都）1928年創業
○石井屋（仙台）1928年創業
○キングベーク（函館）1929年創業
○フロイン堂（神戸）1932年創業
○八天堂（広島・三原）1933年創業。
○ペリカン（東京・浅草）1942年創業
○イスズベーカリー（神戸）1946年創業
○まるき製パン所（京都）1947年創業
○シモン（福岡）1948年創業

日本のラーメン

カレーライスと並んで、今や国民食ともいわれるほど日本人に広く愛されているラーメン。中国にルーツをもつラーメンは通常、洋食に分類されることはありませんが、明治維新以降に牛肉、豚肉、鶏肉といった肉食や、それらの肉からとったスープに日本人が親しんでいった過程において、西洋料理とともに文明開化を象徴する外国由来の食べ物だったといえます。

●ラーメンの名称について

ラーメンは、明治から昭和初期までは一般的に「南京そば」「支那そば」と呼ばれていました。支那は、当時の中国の呼称、また南京は、南京錠、南京豆などと同様に「舶来の」といった意味で使われていました。その後、第二次世界大戦後に、外務省より支那という単語の使用自粛が要請され、「中華そば」という名称が誕生。さらに、日清食品創業者の安藤百福《あんどうももふく》が開発し、1958年に発売されたインスタントラーメン「チキンラーメン」が普及したことで、「ラーメン」の呼び名が定着したといわれています。

中国の拉麺と日本のラーメンの違い

現在ではラーメンは、アメリカのウェブスター辞典でも「日本で誕生した中国風の麺料理」としていて、原型になったといわれる中国の「拉麺《ラーミェン》」とは別に解説されています。では、中国の拉麺と日本のラーメンはどこが違うのでしょうか。

麺の起源は中国北部の黄河流域だといわれています。中力粉をかん水入りの水で練って、油を塗らずに大量に手延べして作ります。中国語の「拉」には「引っ張る」という意味があり、生地を手で引っ張って麺を作っていたのです。

一方、日本のラーメンは、手延べではなく包丁または機械を使った切り出し麺を使います。そこが中国の拉麺との大きな違いといえます。日本でラーメンが広まったのは、ちょうど大量生産できる製麺機が登場した時期で、手打ちの技術が不要だったという理由もありました。

拉麺は明代の山東省で誕生し、山西省を経て蘭州に伝わりました。蘭州の拉麺も手延べして

作りますが、山東省と違うのは、植物油を塗って1人前ずつ作る点でした。また蘭州には、イスラム教（回族）のテュルク系遊牧民族であるウイグル族が多く暮らし、豚肉は食べず、牛肉の骨から澄んだスープをとっていました。蘭州拉麵は牛肉拉麵または蘭州牛肉麵と呼ばれることもあります。

また新疆ウイグルや中央アジアには、「ラグマン」という名前で、汁ありまたは汁なしの羊肉が多く使われる麵料理があります。

蘭州牛肉麵

ラグマン

日本のラーメンの歴史

日本に中華料理店が初めて登場したのは、幕末に開港した都市としての歴史を残す横浜、神戸、函館、長崎の商社で働く中国人労働者によって発展した中華街（南京街）でした。明治20年頃の横浜の中華街には、すでに20軒ほどの中華料理店や屋台があり、当時、日本人が「南京そば」と呼んでいた麺料理を売る店もあったといわれています。

「南京そば」は、やがて「支那そば」と名前を変え、大衆文化が発展する大正時代になると、横浜以外で日本人のなかにもこれをまねて屋台で売り出す者が出てきました。江戸時代からの夜鳴きそばのスタイルを継承して、チャルメラを吹きながら夜の街を流して支那そばを売り歩いたのです。

1910（明治43）年には大衆文化の花開く

昔ながらのラーメン屋台

流行発信基地だった浅草に、横浜税関を退職した尾崎貫一が庶民的な中華料理店「来々軒」を開業しました。尾崎は横浜中華街から広東出身の中国人コック12人をスカウトし、店では醤油味スープの支那そばをはじめとする日本人向けの中華料理を提供し、かなりの人気を呼んだといいます。「来々軒」は、日本のラーメン店の原点として、また東京ラーメンの草分けとして、第二次世界大戦後に浅草から東京駅八重洲口に移転し、1994（平成6）年まで営業を続けていました。現在は浅草「来々軒」の流れを汲む店として、元従業員が1933（昭和8）年に開業した祐天寺「来々軒」などが営業を続けています。

一方、北海道の札幌では、1922（大正11）年に、仙台市出身の元警察官、大久昌治・タツ夫婦が開業した「竹家食堂」（のちに「支

横浜中華街

那料理竹家」に改名）が開業。北海道大学の学生を目当てに、中国山東省出身のコックによる「猪《チュウ》肉糸麺《ロウスーミエン》」を原型としたラーメンを提供しました。これは油分の多い塩味でしたが、後に日本人の口に合うように醤油味に変え、チャーシューやメンマ、ねぎをのせた現在の形に近いラーメンを作り出したといわれています。

今日の日本でラーメンが根づいた源流となるのは、大きく分けて、横浜や神戸などの貿易港にあった中華街（南京街）にいた中国人コックや、戦後、中国や旧満州国からの引揚者らが開店した中華料理店と、屋台からスタートした日本人によるラーメン店が挙げられます。油分と炭水化物によって腹持ちがよく、安くておいしいラーメンは、食糧の乏しい時代に瞬く間に人気を呼び、市民権を勝ち得ていったのです。

●日本各地の主なご当地ラーメン

ラーメンが日本全国に広まるにつれて、それぞれの地域の土地柄を表した「ご当地ラーメン」が誕生していきました。

札幌ラーメン（北海道）

大正時代に札幌で誕生した当時のラーメンは塩味でした。その後、醤油味ラーメンも定着しますが、１９５０（昭和25）年に元南満州鉄道職員だった人宮守人が開業した「味の三平」が１９５４

年に開発した味噌ラーメンが大ヒットしてから現在にいたるまで、味噌味が札幌ラーメンの代名詞になります。

「味の三平」の二代目店主は、「〝味噌は体にいい〟が持論だった親父は、味噌汁をヒントに工夫を重ねて「味噌味メン」を生み出した。それがいつしか「味噌ラーメン」という名前になった」と語っています。また先代店主は、栄養を考えて、従来のチャーシューやメンマ、ねぎなどの具のほかに、たまねぎやキャベツ、もやしなどの炒めた野菜を乗せ、味噌と相性のいいにんにくペーストを加えるなど、新しい食べ方を提案しました。札幌ラーメンのスープは、博多などと同じ濃厚な豚骨、または鶏ガラスープです。これもまた味噌に合います。

札幌ラーメン

札幌の味噌ラーメンは、当時、西山製麺によって味噌ラーメンに合う「多加水熟成麺」の「ちぢれ麺」が開発されて他店にも広がったこと、また「サッポロ一番」(サンヨー食品)をはじめ、「サッポロ」を冠したインスタントラーメンを発売したことから、全国的に知られるようになりました。

北海道は知られざる味噌の産地です。体を温める作用と寒い冬でも冷めにくいという特徴のある味噌は、「石狩鍋」や「カニの鉄砲汁」などに代表されるように、寒冷地の北海道にぴったりの調味料でもあるのです。

函館ラーメン（北海道）

横浜や神戸とともに鎖国後に開港された街のひとつである函館には、昆布などの海産物が集積され、広東系の華僑が数多く訪れて中華街を形成していました。彼らの開いた中華料理店では、広東式のあっさりとした塩味の澄んだスープと中太平麺の支那そば（ラーメン）を提供し、このスタイルが現在でも函館ラーメンの原型となっています。だしは札幌と同様、豚骨や鶏ガラを使用し、あっさりとしたなかにもコクがあるのが特徴で、チャーシュー、メンマ、ねぎ、ほうれん草、なると、海苔が一般的な具です。函館から近いトラピスト修道院で製造したバターをトッピングする店もあります。

函館ラーメン

冷やしラーメン（山形）

冷やしラーメンは、山形市本町のラーメン店「栄屋本店」の初代店主が、「夏には冷たい蕎麦を食べるんだから、ラーメンも冷たいのが食べてみたい」という顧客のひとことにヒントを得て、改良を重ねながら1952（昭和27）年に発売し、現在では山形名物になっているラーメンです。スープは醤油味が一般的で、冷たいスープでも油が固まらないように冷蔵庫でスープを寝かせて表面の固形の脂を取り除き、改めて植物油を加える工夫がされています。山形の郷土料理である「いも煮」もそうですが、味噌味と豚肉が主流の庄内地方に対して、明治時代から米沢牛の伝統がある内陸部では醤油味と牛肉が好まれており、冷やしラーメンにも牛骨スープと牛肉の薄切りをのせます。

冷やしラーメン

東北は冬は寒い一方で夏は意外と暑くなることが多く、山形市もかつて日本最高記録の気温を観測したほどでした。山形の冷やしラーメンのほかにも、仙台が発祥の「冷やし中華」、盛岡の「冷麺」など、東北に冷たくして食べる麺料理が多いのは、冷やむぎなどと同様に暑い夏に涼を取るための発想からだったと想像できます。

喜多方ラーメン（福島）

福島県会津地方にある喜多方は、「蔵とラーメンのまち」として知られています。喜多方ラーメンが札幌ラーメン、博多ラーメンと並ぶ日本三大ラーメンのひとつといわれるほどになったのには、蔵と密接な関係があります。

豚骨スープと煮干しをベースにしたあっさり醤油味の喜多方ラーメンは、大正末期に中国から日本へやってきた藩欽星《ばんきんせい》氏が開いた屋台の味が元祖。その屋台から店舗となった「源来軒」は、今でも喜多方で営業を続けています。柔らかい食感のちぢれ麺に、チャーシュー、メンマ、ねぎなどをのせた昔ながらの素朴な味わいのラーメンは、1975（昭和50）年にNHKの番組「新日本紀行」の「蔵ずまいの町 福島県・喜多方市」を放送した後に急激に増えた観光客の食事処として、一躍有名になりました。会津は内陸にありますが、越後街道（会津街道）を通じて日本海側から海産物が運ばれ、海産物問屋もあったことから、煮干しは昔から会津の人々にとって身近な食材でした。

喜多方ラーメン

横浜サンマーメン（神奈川）

横浜のラーメンといえば、1974年以降に登場した豚骨醤油ベースで太麺の家系《いえけい》ラーメンが有名ですが、細麺の塩または醤油ラーメンの上に炒めたもやし入りのあんをかけたサンマーメン（生馬麵）も、横浜独自のラーメンです。発祥は昭和初期の横浜中華街にある中国料理店「聘珍楼《へいちんろう》」で、当時の料理長がまかない料理として考案したといわれています。広東料理の流れを汲む、とろみのある肉そばが原型です。

東京ラーメン（東京）

東京ラーメンは、1910（明治43）年に、当時流行の最先端を行く東京随一の繁華街だった浅草の「来々軒」を発祥として、今でも日本のラーメンの標準的

横浜サンマーメン

な存在となっています。さっぱりとした醤油味の鶏ガラや煮干しスープ、中細のちぢれ麺、チャーシュー、メンマ、なると、ねぎ、ゆで卵などをのせたものが伝統的なスタイルで、東京以外の日本各地でも食べることができます。

東京には、ドライバー客をねらった環七通り沿いや、学生街をはじめあちこちにラーメン店の激戦区があります。また全国から名うてのラーメン店の支店が集まった結果、切磋琢磨されてラーメン愛好家が増えたため、ラーメンは多様化して、味も格段に向上。日本人の国民食として世界的にその名をとどろかせたきっかけを作ったともいえます。

東京ラーメン

ローメン（長野）

ローメンは日本では珍しい、羊肉を使った長野県伊那地方のラーメン。といっても厳密には、焼きそばのような麺を使い、汁ありと汁なしの2種類がある独特の麺料理です。炒肉麺《チャーローメン》を略してローメンと呼んでいます。1955（昭和30）年に、伊那市の中華料理店「萬里《ばんり》」を創業した伊藤和弌《わいち》が、日持ちさせるために麺を蒸す製法を用いて開発しました。伊那市周辺では、羊毛の生産のため羊が飼育されており、その肉を活用し、さらに特産のキャベツを具に使ってローメンを作ったといいます。好みでソースや酢、ラー油、ごま油、おろしにんにく、七味（または一味）とうがらしを加えて食べます。

台湾ラーメン（愛知）

台湾ラーメンは、1970年代に名古屋の台湾料理店「味仙《みせん》」の店主である郭明優が従業員のまかない料理として作ったといわれる、名古屋や中京圏独特のラーメン。原型は台湾屋台料理の担仔麺《タンツーメン》ですが、とうがらしの容赦ない辛さは台湾にはない特徴で、名古屋では激辛ラーメン＝台湾ラーメンとして定着。「味仙」では名古屋に定着した理由として、「名古屋人は、味噌は八丁味噌、醤油はたまりを使うなど濃い味が好き。味噌煮込みうどんなども日常から食べていたぐらいだから、辛い台湾ラーメンだって違和感なく受け入れたのでは」という意見を紹介しています。

近年では、台湾ラーメンから派生した「台湾まぜそば」も誕生。名古屋ならではの料理として市民権を得ています。ちなみに「台湾まぜそば」は、台湾では「名古屋拉麵」と呼ばれています。

ローメン

台湾ラーメン

京都ラーメン（京都）

京料理といえば薄味のおばんざいを連想しますが、京都のラーメンはその逆で、こってりとした濃厚な味わいが特色です。代表的な京都ラーメンの店は、1971年に創業して全国にチェーン店を広げた「天下一品」。なぜ京都でこんなに濃厚な味が定着したのかといえば、「ふだん薄味ばかりなのでその逆が求められた」「京野菜の九条ねぎの甘さを引き出すため」など諸説あるようです。

京都に初めて登場したラーメン店は、中国の浙江省出身の徐永俤が始めた屋台で、のちに現在も営業する「新福菜館」となりましたが、浙江料理は濃いスープが特徴的なので、ここから濃厚スープのラーメンが京都で好まれる道が始まっていたのかもしれません。

京都ラーメン

和歌山ラーメン（和歌山）

和歌山は古くから日本の食文化を担ってきた土地。昭和初期には早くも和歌山市内にラーメンの屋台が出ていたとされ、湯浅の醤油や豊かな海産物になじみのある土地らしく、醤油味のラーメンが定着していました。豚骨スープを使い、チャーシューやメンマ、ねぎ、なるとなどの具のほか、薬味はこしょうのみです。通常は「中華そば」と呼ばれます。

和歌山のラーメンには、少なめのラーメンと一緒に「早寿司」という発酵途中のさば寿司やゆで卵などを食べるという、独特の習慣があります。これはうどんと一緒に寿司を食べる関西の習慣の名残りともいわれています。

和歌山ラーメン

徳島ラーメン（徳島）

徳島でもラーメンは中華そばと呼ばれ、甘めの濃いスープが特徴的。地域や店によって「茶系」（豚骨スープと濃口醤油味）、「黄系」（鶏ガラスープと薄口醤油味）、「白系」（豚骨スープと薄口醤油または白醤油味）の3系統のラーメンがあり、中でも生卵を落として食べる茶系ラーメンが独特です（入れないこともある）。徳島で豚骨醤油味が根づいたのは、日本ハムの前身である徳島にあった徳島食肉加工場から出た大量の豚骨を活用したことから始まったといわれています。

また徳島ではラーメンはご飯のおかずとして、茶碗に取って食べる習慣があり、徳島丼という、徳島ラーメンの具材をご飯にかけたどんぶり料理も存在します。

徳島ラーメン

博多ラーメン（福岡）

乳白色の豚骨スープと極細のストレート麺を使った博多ラーメンは、日本三大ラーメンのひとつであり、九州を代表するラーメンでもあります。スープの白濁色は、豚骨から溶け出したゼラチンで、これは久留米ラーメンや熊本ラーメンなど他の九州ラーメンと共通しています。

博多ラーメンは、第二次世界大戦中の1941（昭和16）年頃に、中国の白濁した豚骨スープを再現した中洲の屋台から誕生したといわれています。多くの店で、麺の硬さを選べ、替え玉が注文できるのが特徴的です。具はチャーシューとネギが基本でシンプル。麺が非常に細いのは、スープと絡みやすくするためや、また近隣の魚市場で時間に余裕なく働く人々に短時間でゆでてすぐ提供できるようにするためなどの理由があるようです。

博多ラーメン

熊本ラーメン（熊本）

熊本ラーメンは、福岡の久留米ラーメンが熊本に伝わって独自に発展したラーメン。豚骨スープに鶏ガラが加わり、太麺を使うのが特徴です。スープに揚げたにんにくを加えることで豚骨特有の臭みを和らげています。1955（昭和30）年に創業し、のちに東京に進出した「桂花ラーメン」が熊本ラーメンの名を広めました。煮卵、豚肉の角煮（太肉《ターロー》）、キャベツなどの具が特徴的です。

鹿児島ラーメン（鹿児島）

沖縄の影響で古くから豚肉を食べていた鹿児島の豚骨スープのラーメン。麺も沖縄の沖縄そばに近い太麺を使います。ただし九州には珍しく、久留米や博多の影響を受けず、脂っこさの少ない白濁していないスープが特徴的です。大根の漬け物が付いてくるなど、独特の流儀があります。

熊本ラーメン

鹿児島ラーメン

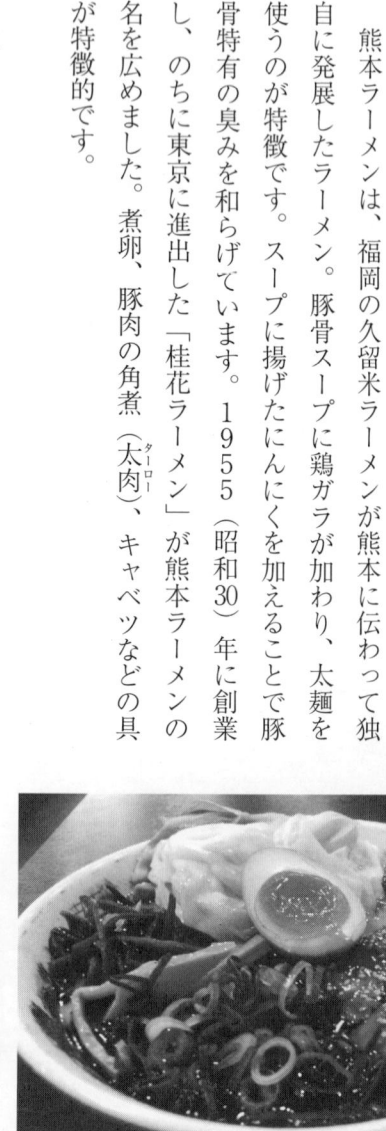

プラスワン情報

「長崎ちゃんぽん」と「太平燕《たいぴんえん》」

九州には、地理的にも近い中国の影響を受けたラーメンと似ていて非なる麺料理があります。代表的なものは、長崎ちゃんぽん（長崎）と太平燕《たいぴんえん》（熊本）です。

長崎ちゃんぽんは、中国・福建料理を原型に長崎で誕生した麺料理。福建語やマレー語、琉球語に見られる「混ぜる」を意味する「ちゃんぽん（チャンプルー）」を語源にし、明治中期に中華街（南京街）のあった長崎市で今も営業を続ける「四《し》海楼《かいろう》」の初代店主陳平順《ちんへいじゅん》が、当時大勢訪れていた中国人留学生のために考案したといわれています。スープはラーメンと似通った豚骨と鶏ガラを使いますが、麺はラーメンとは違う長崎特有のかん水製麺を使います。また長崎には「皿うどん」という名物料理があり、こちらは福建省の履門《アモイ》風炒線麺《しょうせんめん》があんかけ料理に変化したものです。長崎は鎖国時代にも中国と交易があり、ペーロン競漕や精霊流し、長崎くんちの龍踊りなど、日本でもっとも中国文化が溶け込んだ街であり、料理も自然と中国の影響を受けてきたといえます。

一方、熊本県中部地方で食べられている太平燕も、もともとは中国福建省の揚げ卵を入れたワンタンのような料理で、明治時代に華僑が日本に伝えたといわれています。本来は独特の歯ごたえのあるワンタンを使うところを春雨で代用したことから、日本では麺料理のようになったといわれています。また、揚げ卵も、アヒルの卵ではなく鶏の卵が使われています。スープにはラーメンと同様に醤油や豚骨または鶏ガラを使います。

日本のラーメン　歴史年表

年代	できごと
600年	遣隋使を派遣（607年まで）。
630年	遣唐使を派遣（838年まで）。遣唐使が持ち帰った唐菓子「さくべい」がそうめんの元祖となる。
753年	唐から鑑真が来日。
1401年	日明貿易が始まる。
1488年	室町時代の僧侶の日記「蔭涼軒日録」に、かん水を使った中華麺でラーメンのルーツといもえる「経帯麺」の記述。
1697年	水戸光圀公が中国伝来のラーメンを食す（ただし、中国うどんのようなものだったという説あり）。
1859年	横浜中華街、長崎新地中華街が誕生。
1868年	神戸中華街（南京町）が誕生。
1871年	日清修好条規締結。
1894年	日清戦争が勃発。
1910年	浅草に日本初のラーメン（支那そば）店「来々軒」が開業。
1922年	札幌に、ラーメンをメニューに加えた中華料理店「竹家食堂」が開業。
1937年	日中戦争の発端となった盧溝橋事件が勃発。

１９３９年	第二次世界大戦が勃発（～１９４５年）。
１９４９年	中華人民共和国成立。
１９５８年	日清食品がインスタントラーメン「チキンラーメン」を初めて発売。
１９７１年	日清食品が「カップヌードル」を初めて販売。
１９７８年	日中平和友好条約の締結。
１９９４年	新横浜ラーメン博物館がオープン。

さくいん

※ローマ数字は巻頭カラー特集のページ数、算用数字は本文のページ数。

あ行

か行

さ行

た行

ま行

や行

ら行

わ行

著者紹介

青木ゆり子 (あおき　ゆりこ)

世界の料理 総合情報サイトe-food.jp 代表。各国・郷土料理研究家。

各国地域の人々に長く愛されてきた郷土料理の魅力を広め、食で日本と世界を相互につなぎ、失われつつある地方色あふれる伝統料理を守るために活動している。

また、国際的ホテルの厨房で、60か国以上の料理メニューや、外国人客向けの宗教食ハラール（イスラム教）やコーシャ（ユダヤ教）、ベジタリアン等に対応する国際基準の調理現場を経験し、技術を習得。東京にある大使館、大使公邸より依頼を受け、大使館および大使公邸のシェフとして各国の故郷の味を提供。

現在、世界の料理レシピ・ミュージアム・ライブラリー館長、ぐるなび ippin「各国・郷土料理」キュレーター、コーシャジャパン株式会社 コーディネーターも務めている。

監・著書として『しらべよう！ 世界の料理』 全7巻（ポプラ社）がある。

【参考文献】

「函館ハリストス正教会史」（函館ハリストス正教会）

「日本の光照者　亜使徒 聖ニコライの歩み」（日本ハリストス正教会教団 西日本主教教区）

『函館ガンガン寺物語』 厨川勇／著（北海道新聞社）

「ドイツ兵士の見たNARASHINO」（社団法人ドイツ東洋文化研究協会、財団法人日独協会）

『伝説の総料理長サリー・ワイル物語』 神山典士／著 （草思社文庫）

『絶品！海軍グルメ物語』 平間 洋一、高森 直史、齋藤 義朗／共著 （新人物往来社文庫）

『新潟はイタリアだ―躍る食材テンコ盛り』 柳生直子／著 （ネスコ）

『南蛮料理のルーツを求めて』 片寄真木子／著（平凡社）

『江戸時代の平戸の菓子』 江後迪子／著（つたや総本家）

『ポルトガルを食べる。』 荒尾美代／著（毎日新聞社）

『ペルシア王は「天ぷら」がお好き？ 味と語源でたどる食の人類史』 ダン・ジュラフスキー／著（早川書房）

Cocina Tradicional Andaluza (SUSAETA) スペイン

【協力】

すき焼　ちんや

函館ハリストス正教会

習志野商工会議所

習志野市教育委員会

かすみがうら市郷土資料館

【写真協力】

長崎市

一般社団法人舞鶴観光協会

著者　青木ゆり子

編集：こどもくらぶ（石原尚子）

制作：（株）エヌ・アンド・エス企画

DTP デザイン：菊池隆宣

写真撮影：青木ゆり子、斎藤雄輝

イラスト：荒賀賢二

シリーズ・ニッポン再発見⑨
日本の洋食
──洋食から紐解く日本の歴史と文化──

2018 年 5 月 20 日　初版第 1 刷発行　〈検印省略〉
2019 年 7 月 20 日　初版第 3 刷発行

定価はカバーに
表示しています

著　　者　青 木 ゆ り 子
発 行 者　杉　田　啓　三
印 刷 者　和　田　和　二

発行所　株式会社　ミネルヴァ書房
607-8494　京都市山科区日ノ岡堤谷町 1
電話代表　(075)581－5191
振替口座　01020－0－8076

　平河工業社

ISBN978-4-623-08291-9
Printed in Japan